에너지 도둑

소중한 가치 학교 ❸교시
에너지 도둑
ⓒ 2011 (사)꽃과 어린왕자, 페이퍼100, 명로진

1판 1쇄 2011년 12월 20일

지 은 이 명로진
그 린 이 조현주

발 행 인 주정관
발 행 처 북스토리아이
주   소 경기도 부천시 원미구 상3동 529-2 한국만화영상진흥원 311호
대표전화 032-325-5281
팩시밀리 032-323-5283
출판등록 2008년 8월 6일 (제313-2008-129호)

홈페이지 www.ebookstory.co.kr
이 메 일 bookstory@bookstory.biz

ISBN 978-89-97279-03-6 74810
      978-89-961478-0-0 (세트)

※ 잘못된 책은 바꾸어드립니다.

이 도서의 국립중앙도서관 출판시도서목록(CIP)은 e-CIP 홈페이지
(http://www.nl.go.kr/ecip)에서 이용하실 수 있습니다.
(CIP제어번호 : CIP2011005137)

소중한 가치 학교 ❸교시

에너지 도둑

명로진 글 | 조현주 그림

북스토리아이

| 머리말 |

에너지를 아끼는 작은 실천이 지구를 지키는 지름길

어느 날 석유가 갑자기 사라진다면 어떻게 될까? 아니, 석유 값이 지금보다 3배쯤 오른다면 어떻게 될까? 이 책은 이런 물음에서 시작됐습니다. 우리나라에서는 석유가 한 방울도 나지 않기 때문에 외국에서 엄청난 양의 석유를 수입합니다.

자동차의 연료, 집과 건물의 냉난방, 기업의 생산 활동에 쓰이는 원료가 대부분 석유입니다. 석유가 없다면 자동차도 탈 수 없고, 전기도 물도 가스도 쓸 수 없습니

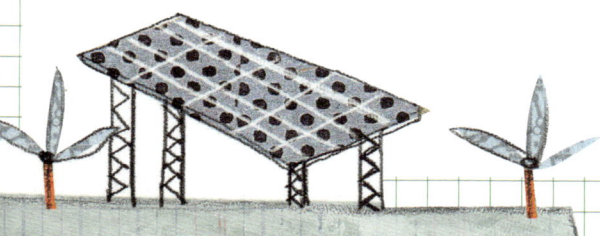

다. 우리의 힘으로 모든 일을 해야 합니다. 10km 정도는 걸어서 다녀야 하고, 20km쯤 되는 거리는 자전거를 타고 다녀야 하며, 30km라면 말을 타고 다녀야 합니다.

문제는 몇십 년 뒤에 석유가 바닥난다는 것입니다. 그래서 우리는 새로운 에너지를 개발하거나 한 번 쓴 에너지를 다시 써야 합니다. 이것을 신·재생에너지라고 하는데 풍력, 지열, 태양에너지, 바이오 에너지(동식물에서 나온 에너지) 등이 그것입니다.

저는 이 책을 쓰기 위해 1년 가까이 취재를 했습니다. 말을 타고 포천 시내를 달리다가 떨어져 부상을 입기도 했고, 자전거 도시 상주에 가서 자전거를 타기도 했습니다. 친환경 수소 버스를 탔을 때는, '배기가스 대신 깨끗한 물만 배출한다.'는 말을 듣고 그 물을 마셔 보기도 했습니다. 경기도 부천의 친환경 건물에서는 화장실마다 돌아다니며 변기 검사를 하기도 했습니다(그 이유는 이 책을 읽어 보면 알게 됩니다).

그리고 강원도 태백의 풍력발전소와 경북 문경의 지열 빌딩, 광주의 태양광 시범 마을을 방문하기도 했습니다.

『에너지 도둑』은 에너지를 낭비하는 사람들을 가리킵니다. 이 책을 쓰면서 저는 에너지를 아끼는 작은 실천이 지구를 지키는 지름길이라는 것을 깨닫게 됐습니다. 책을 읽는 여러분이 재미있게 읽으면서 에너지 문제를 한 번쯤 생각해 준다면 좋겠습니다.

원고를 읽고 어린이의 눈높이에 맞게 고치도록 도움을 준 아들 제이에게 고맙다는 말을 전합니다.

북한산 밑에서
명로진

차례

머리말_에너지를 아끼는 작은 실천이 지구를 지키는 지름길…4

1. 석유별 사람들 … 8
2. 고집불통 할아버지 … 23
3. 에너지 빌딩에 가다 … 29
4. 자동차? 아니 자전거! … 40
5. 거대한 도시의 끝자락 … 48
6. 도시의 카우보이 … 58
7. 최악의 여름 … 68
8. 미스터 X의 정체 … 81
9. 인간만 지구의 주인일까? … 95
10. 뜻밖의 방문자 … 107
11. 에너지 구두쇠와 에너지 도둑 … 121

맺음말_지구온난화와 에너지…125
• 에너지 절약과 온실가스를 줄이기 위한 실천 사항…128
• 생각을 키우는 토론 교실…130
• 에코 롱롱 이야기…132

 석유별 사람들

"엄마! 또 전기가 나갔어요!"

민지가 소리쳤다. 엄마는 촛불을 켜서 민지에게 건네주며 말했다.

"이제 책은 그만 읽어라."

막 재미있는 부분이 나올 차례였는데, 요즘은 왜 이렇게 자주 정전이 되는 걸까? 봄 학기가 시작된 이번 달에만 벌써 세 번째다. 민지가 투덜거리고 있을 때 아빠가 회사에서 돌아오셨다.

"또 정전이야?"

"네."

"아이스크림부터 빼놔라. 그냥 놔두면 녹아서 맛없어지니까."

민지는 냉장고에 가서 아이스크림을 꺼냈다.

"일단 먹고 보자."

엄마와 민지, 아빠는 촛불을 사이에 두고 식탁에 앉아 아이스크림을 먹었다. 아빠는 수동식 축전지 라디오를 손으로 돌렸다. 라디오에서는 뉴스가 흘러나왔다.

"어제 석유수출국기구 회의에서 유가를 다시 배럴당 200달러로 인상하기로 하면서 석유파동은 장기간 계속될 것으로 보입니다. 중동 지역 국가들은 서방측과 긴밀히 협조하는 한편……."

"아빠! 라디오에서 뭐래요?"

"음, 큰일이다. 석유 값이 또 오른다는데?"

배럴 석유를 사고파는 데 기준이 되는 양의 단위. 약 159리터

"석유 값이 왜 자꾸 오르는 거예요?"

"그건 석유의 원료인 원유는 한정되어 있는데, 쓰려고 하는 사람들은 많아서 그렇지."

"그럼 쓰지 않으면 되잖아요."

"그게 그렇게 간단하지 않단다. 잠깐만."

아빠는 식탁 옆의 수납장에서 등산할 때 쓰는 헤드랜턴을 꺼내 머리에 썼다.

"우리가 얼마나 석유와 가까운지 설명해 줄게."

아빠는 민지를 데리고 민지 방으로 갔다. 그리고 민지의 옷장을 열고 말했다.

"민지야, 이 옷장에 있는 옷들 중 아무거나 열 벌만 꺼내 봐."

"열 벌이요?"

"응."

"왜요?"

"글쎄, 꺼내 봐. 이유는 나중에 설명해 줄게."

민지는 잠시 옷장 안을 들여다보고는 겨울 옷 세 벌, 여름 옷 세 벌, 양말 하나 그리고 등산할 때 입는 재킷과

내복, 트레이닝복을 꺼냈다.

"이거하고 요것도……. 그렇지, 아하! 이것도……."

아빠는 옷을 뒤적이며 혼잣말을 했다.

"뭐 하시는 거예요?"

"잠깐만. 이거, 또 이거. 됐다. 이 옷들은 대부분 석유로 만든 것이란다."

"네? 석유로 만든 옷이라고요?"

"그래. 자, 이 옷에 붙어 있는 옷감 성분표를 봐라."

아빠는 여름 티셔츠의 라벨을 민지에게 보여 주었다.

"여기 '폴리에스테르 100%'라고 되어 있지?"

"네."

"폴리에스테르는 원유를 분리해서 얻는 것이란다. 말

하자면 이 옷의 재료는 석유인 셈이지."

"정말요?"

"양말의 성분은 폴리아마이드네. 이것도 석유에서 나온 거고, 내복은 폴리에스테르, 여기 나일론이라고 써진 것은 폴리아마이드의 다른 이름이야. 트레이닝복은 폴리아크릴로 나이트릴. 이것 역시 석유로 만든 것이야. 등산복은 고어텍스. 석유에서 얻은 것이지."

"이럴 수가……."

"자, 이리 와 봐."

아빠는 헤드랜턴을 비추며 거실로 나갔다.

"여기 있는 소파, 커튼, 벽지, 장판도 모두 석유를 원료로 만든 것들이란다. 부엌으로 가 보자. 이 조리대는

합성수지로 만든 것이야. 합성수지 역시 석유에서 나오지. 밥통, 식기, 식탁, 전자제품의 대부분은 플라스틱인데, 플라스틱은 석유가 없으면 못 만들어. 이제 욕실로 가 보자."

아빠는 욕실 문을 열고 안으로 들어갔다.

"욕조부터 거울 테두리, 욕실 서랍, 헤어드라이어, 욕실 천장 마감재, 환풍기 등이 모두 합성수지로 만든 것이지."

"와……."

민지는 입이 다물어지지 않았다. 아빠는 민지의 손을 잡고 큰방으로 갔다.

"침실은 또 어떻고? 이불을 보자. 자, 폴리에스테르 100%! 석유로 만든 거지. 여기 있는 방향제도 석유로 만든 거고, 침실에 바른 시트지도 그렇고, 아! 여기 엄마 화장품!"

"설마?"

"이것들도 대부분 석유를 원료로 해서 만들어진 것들이란다."

"……."

민지는 할 말을 잃었다. 아빠는 주방으로 나갔다.

"냉장고 안을 봐라. 이 안에 있는 식품을 만들기 위해서는 아주 많은 화학 비료와 살충제를 써야 해. 그것들을 만드는 원료는 모두 석유야. 우리가 먹는 음식들도 석유가 없으면 못 만들어. 말하자면, 우리는 석유가 없으면 먹지도 못하고 살지도 못하고 입지도 못해."

민지는 기절할 뻔했다. 석유가 없으면 먹지도 입지도 살지도 못할 거라니. 그럼 우리는 석유별 사람들이란 말인가? 아빠는 냉장고에서 사과를 하나 꺼내 들었다.

"이 사과는 깨끗한 거지만 과수원에서 사과나무가 자랄 때는 살충제와 비료를 많이 뿌린단다. 그것도 모두 뭐겠어?"

"석유요?"

"그렇지!"

아빠는 사과를 한 입 베어 물었다. 아빠는 사과를 민지의 입에 갖다 댔다. 민지는 고개를 저었다.

그날 밤. 민지는 꿈속에서 화려한 드레스를 입고 왕자와 함께 춤을 췄다.

"오, 사랑하는 민지님! 저와 결혼해 주시겠어요?"

"당근이죠."

왕자는 고개를 숙여 민지에게 입 맞추려 했다. 민지의 가슴은 두근두근 뛰었다. 순간, 왕자가 갑자기 소리를 질렀다.

"웩! 이 냄새!"

"아니, 왜 그러세요? 왕자님!"

"당신한테 석유 냄새가 나요! 저리 가요!"

왕자는 홱 뒤돌아서더니 멀리멀리 달아났다. 민지는 소리쳤다.

"왕자님! 저 사과 안 먹었어요!"

민지는 왕자를 쫓아가려 했다. 순간, 바닥에서 검은 기름이 부글부글 끓으며 올라왔다. 민지는 다리를 움직이려 했지만 기름 속으로 자꾸 빨려 들어갔다. 놀라 발버둥치던 민지는 꿈에서 깨어났다.

'아……. 꿈이었구나. 그런데 왕자님이 입은 드레스는…… 무엇으로 만들었을까?'

이날 민지가 학교에 갔을 때, 선생님이 말씀하셨다.

"오늘부터 단축 수업을 합니다."

"와!"

남자 아이들은 영문도 모르고 소리부터 지르고 봤다. 선생님이 말을 이었다.

"전기가 모자라서 전등이나 에어컨을 오랫동안 켤 수 없어요. 그래서 모든 초등학교가 4교시 수업만 하기로 했답니다."

"와!"

남자 아이들은 또 소리를 질렀다.

"오늘부터 학교, 관공서, 은행은 오전에만 일을 하게 됩니다. 지난겨울 이상 한파 때 몇 번이나 정전이 된 적 있죠? 우리나라는 원자력이나 수력으로 전기를 만들기도 하지만 아직 대부분의 전기를 석유나 천연가스로 만들어요. 그런데 지금 석유 값이 너무 올라서 전기를 충분히 공급할 수 없게 됐어요."

'또 석유……. 그 석유가 문제구나.' 민지는 한숨을 내쉬었다.

"그러니까 여러분도 집에서 필요 없는 전등은 끄고, 물자를 아끼는 생활을 하도록 해요. 알았죠?"

"네!"

"자, 그럼 수업을 시작합시다."

선생님은 첫 시간에 에너지 절약 방법에 대해 알려 주셨다. 아이들은 단축 수업을 한다는 말에 마냥 들떠 있었지만 민지는 걱정이 됐다. 석유 때문이었다.

'석유 없이는 정말 살 수 없을까?'

석유 없이 살 수 있다면……. 민지는 어젯밤 꿈을 떠올렸다.

'꿈이었지만……. 내가 공주가 되어 왕자님과 결혼을 할 수 있었을 텐데…….'

"일찍 끝나니까 놀다 갈래?"

민지 짝 형빈이가 다가와 속삭였다.

"철 좀 들어라!"

민지가 대답했다. 형빈이는 '아니, 왜 그래?'라는 표정으로 민지를 쳐다봤다.

"현 상황에서는 프로젝트 제로를 실행할 수밖에 없습니다."

청와대 비상 대책 회의에 참석한 에너지 장관이 심각하게 발표했다.

"그건 너무 극단적이오. 비상용 원유를 쓰는 대신 원자력발전소를 최대한 가동하면 모자라는 전기를 충당할 수 있을 겁니다."

국내 안전부 장관이 반대를 했다.

"무엇보다 북한의 상황이 문제입니다. 북한은 이미 굶어 죽고, 얼어 죽는 사람들이 속출하고 있습니다. 북한의 지도부가 우리나라의 비상용 원유를 탈취할 계획을 세워 놓고 있다는 첩보도 있습니다."

국방부 장관이 덧붙였다. 이 때, 비서 한 사람이 들어와 에너지 장관에게 귓속말을 했다. 에너지 장관은 얼굴이 굳어졌다.

"석유수출국기구에서 이번 주 안에 유가를 다시 올릴 계획이랍니다. 또 예고했던 대로 다음 달 초부터는 원유를 아랍권 나라와 중국 등에 우선 공급하겠다는 소식입니다. 문제는……."

참석자들 사이에 침묵이 흘렀다.

"문제가 뭡니까?"

대통령이 물었다. 에너지 장관은 침을 한 번 삼키고 말했다.

석유수출국기구 사우디아라비아, 이라크, 이란 등 석유를 생산하는 12개 나라가 만든 기구로, 석유 원료인 원유 가격과 생산량을 정한다

"우선 공급 대상 국가에…… 우리나라가 빠져 있다는 겁니다."

여기저기서 탄식이 새어 나왔다. 대통령은 눈을 질끈 감았다. 잠시 후, 대통령은 결심한 듯 입을 열었다.

"프로젝트 제로……. 실시하세요."

 고집불통 할아버지

높은 담을 따라 개나리가 꽃망울을 터뜨리고 있었다. 두성이네 집은 동네에서 가장 크고 넓었다. 문 앞에 민지 아빠와 두성이 할아버지가 서 있었다. 두성이 할아버지가 언성을 높였다.

"글쎄, 우리 집은 필요 없다니까!"

민지 아빠는 물러서지 않고 말했다.

"할아버님, 동네 사람들이 모두 힘을 모아 하는 일인데 왜 그러십니까?"

"내 집, 내가 그냥 놔두겠다는데 왜 난리야?"

"우리 동네가 나라에서 지정하는 태양광 사업 지구가 됐거든요. 모두 동의서를 냈는데 할아버님만 빠지셨어요."

"난 태양광이고 뭐고 다 소용없어. 그러니 도장 안 찍겠네."

"두성이 할아버님이 협조를 안 해 주시면 공사를 할 수 없습니다."

"그건 내 알 바 아니야. 그리고…… 난 그런데 쓸 돈 없어!"

"할아버님, 돈은 정부에서 보조를 해 주고……."

"자, 그럼 가 보게!"

두성이 할아버지는 문을 쾅 닫고 들어가 버렸다. 민지 아빠는 한동안 문을 바라보다가 돌아섰다.

'정말 고집이 센 양반이야……'

민지 아빠는 태양광 사업을 하는 회사에 다닌다. 서울

의 본사와 서울과 맞붙어 있는 소도시인 이 곳을 오가며 일을 한다. 민지와 두성이가 사는 햇빛 마을에는 모두 164가구가 산다. 이 중 아파트에 사는 사람이 90가구, 빌라나 단독주택에 사는 사람이 74가구다.

마을은 지난해 태양광 사업 지구로 지정이 되어 모든 집에 태양광 발전기를 설치하기로 했다. 1년 전부터 시작된 석유 값 인상 때문에 대도시에서는 많은 사람들이 이미 태양광 발전기를 달고 살았다.

태양광 발전기를 달면, 전기를 싸게 쓸 수 있고 냉난방도 할 수 있다. 그래서 햇빛 마을에 사는 사람들은 모두 찬성했지만 두성이 할아버지만은 '그대로 살게 놔두라.'면서 반대를 했다.

"아빠! 이제 오세요?"

민지는 학교에서 돌아오는 길에 아빠를 우연히 보고, 두성이 할아버지가 들어가자 아빠에게 다가갔다.

"응, 민지야. 어디 갔다 와?"

"잠깐 요 앞 슈퍼예요. 화장지가 떨어져서……."

"그래. 들어가자."

아빠 표정을 살피던 민지가 조심스레 물었다.

"두성이네…… 다녀오세요?"

"응."

"여전히 반대?"

아빠는 고개를 끄덕이셨다.

"문제네……. 제가 두성이한테 말해 볼까요?"

"놔둬라. 이건 아빠 일이니까 아빠가 해결해 볼게."

"두성이 할아버지는 왜 반대를 하실까요? 태양광 발전기를 설치하면 전기 요금도 줄어들고 좋을 텐데……."

"그러게 말이다."

"우리 아파트 사람들은 다 찬성했어요?"

"지난달에 서명을 다 받았다."

"그렇구나……. 두성이 할아버지도 이제 곧 찬성하시겠죠, 뭐."

"그래. 좀 더 두고 보자."

그날 저녁, 식탁에서 엄마는 한숨을 내쉬었다. 민지가 물었다.

"무슨 일…… 있어요?"

"다음 달부터 텔레비전 방송을 오후 10시까지만 한다는구나."

"전력이 부족하니 할 수 없지. 일찍 잠들 수 있고 좋지 않아요?"

"일찍 일어날 수도 있고요." 아빠와 민지가 한마디씩 했다.

"엄마가 좋아하는 드라마 〈비밀의 정원〉도 못 보게 되었지 뭐니. 남자 주인공이 해병대에서 제대하고 처음 출연하는 작품인데……."

민지와 아빠도 한숨을 쉬었다.

 에너지 빌딩에 가다

 새 학기가 되고 나서 민지가 사는 시에서는 '에코 롱롱'이라는 버스를 만들어서 모든 학교에 보냈다. 에코 롱롱은 에코(Eco)와 롱롱(LongLong)을 합친 말이다. 에코는 자연환경을 뜻하고 롱은 길다는 뜻이니까 에코 롱롱은 '자연환경 속에서 얻을 수 있는 에너지를 오래오래 쓴다.'는 뜻이다.
 학생들은 이 버스를 타고 일주일에 한 번씩 에너지를 가르치는 선생님에게 환경 교육을 받았다. 민지네 반 아이들은 오늘 에코 롱롱 버스를 타고 시내에 있는 대형

할인점에 갔다. 할인점 정문 앞에서 에너지 선생님은 이렇게 설명했다.

"이 건물의 창문에는 태양광을 생산하는 전지를 달아 놨어요. 여기에서 전기를 생산해서 조명을 밝힐 수 있게 해 놨지요."

옥상에는 풍력발전기가 있었다. 형광등은 자동 밝기 조절 시스템을 달아 놔서 낮에는 약하게, 밤에는 밝게 빛나게 해 놓았다.

"이 빌딩에는 모두 70개의 신·재생에너지 기술이 숨어 있어요. 냉난방, 조명, 온수, 화장실 시설 같은 것을 새로운 기술로 만들었지요. 이 빌딩은 똑같은 크기의 다른 빌딩보다 에너지 사용량이 40%나 적답니다."

형빈이가 손을 번쩍 들었다.

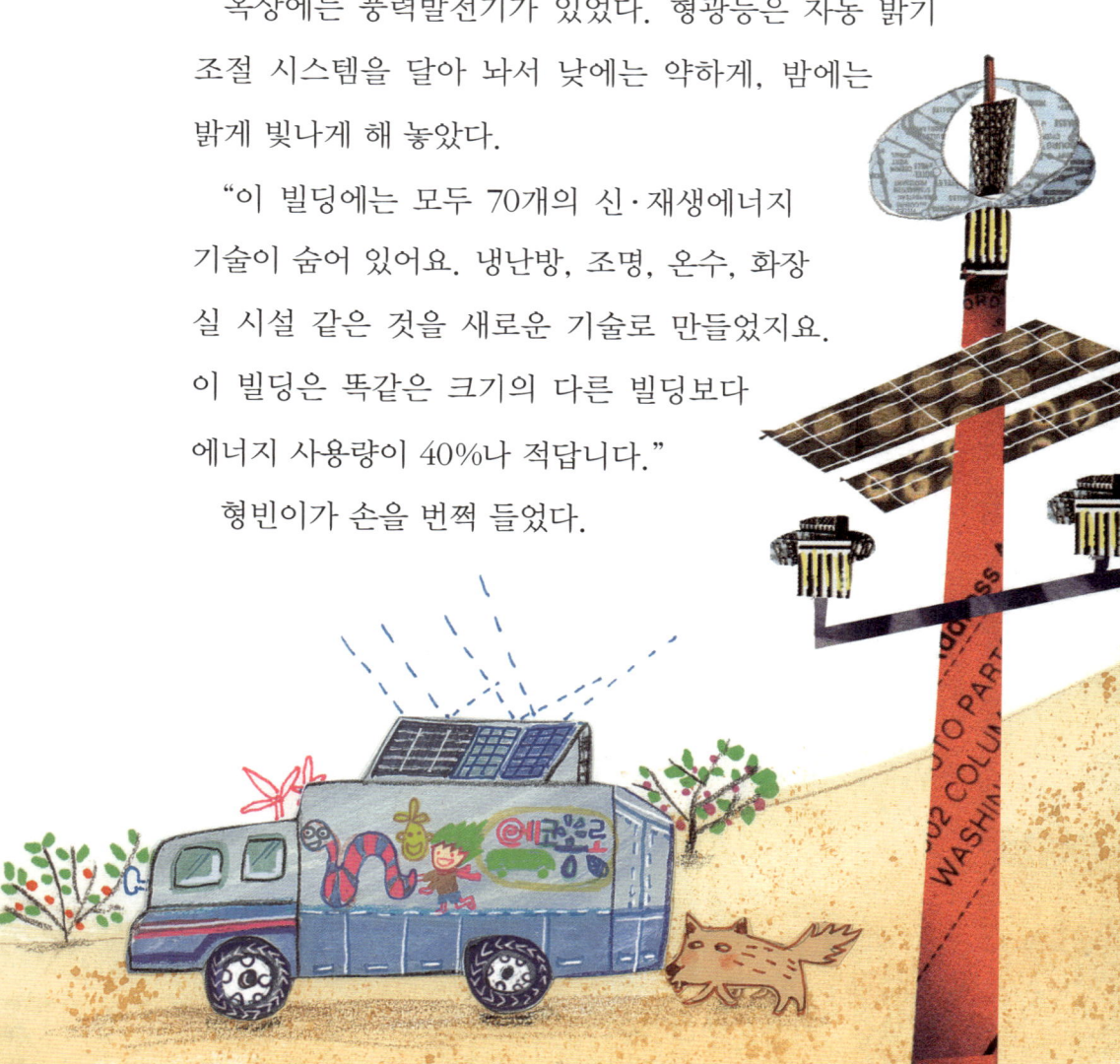

"화장실에 에너지가 필요한가요?"

에너지 선생님이 대답했다.

"화장실에서 볼일을 보고 물을 내리잖아요? 물도 에너지랍니다. 소변기는 한 번에 5리터 정도의 물을 사용해요. 이 할인점 정도면 하루에 2만 리터의 물을 쓰고 1년이면 7백3십만 리터(20,000×365=7,300,000)나 되는 물을 쓰게 되지요."

"우와~."

"그 정도 물이면 코끼리가 매일 목욕을 해도 133년 동안이나 쓸 수 있어요. 생맥주 잔에 따라 매일 한 잔씩 마시면 4만 년 동안 마실 수 있고요. 그러니까…… 물도 아껴야겠죠?"

"그럼, 소변을 보는 것도 아껴야 하나요?"

형빈이가 물었다.

아이들은 까르르 웃었다. 남자 아이들은 남자 선생님을 따라 화장실로 갔다. 남자 화장실의 소변기는 '물을 쓰지 않는 소변기'였다.

"이 소변기는 미생물을 이용해서 균을 죽이고 냄새를

없앱니다. 그래서 물이 필요 없죠."

형빈이는 신기하다는 듯 고개를 끄덕였다.

같은 시각, 에너지 장관실에는 미스터 X가 검은 옷에 검은 안경을 쓰고 서 있었다. 장관의 책상 위에는 돈이 가득 들어 있는 서류 가방이 놓여 있었다.

"준비는 잘돼 가고 있나?"

"니예."

"철저히, 완벽하게, 하나도 놓치지 말게."

"니예."

"이번에도 잡지 못하면 끝이야. 수단과 방법을 가리지 말고 반드시 성공하도록."

"니예."

"자네…… 고향이 어딘가?"

"저기 경상북도 울릉군……."

"아, 됐네. 가 보게."

"뱃길 따라 300리……."

에너지 장관이 나가 보라는 손짓을 했다.

미스터 X는 검은 가방을 딸깍 소리가 나게 닫고 집어 들었다. 그가 나가자 에너지 장관은 음흉하게 미소를 지었다.

"이제 느긋하게 기다려야겠지."

장관실을 나간 미스터 X는 바로 휴대전화를 꺼내 들었다.

그 시각, 검은 옷을 입고 검은 넥타이를 매고 검은 안경을 쓴 남자들이 한 건물에서 뛰어나와 어디론가 사라졌다.

"두성아!"

민지는 단축 수업이 끝나고 교문을 나서는 두성이를 불렀다.

"왜?"

"우리 아빠가 그러시는데, 너희 할아버지가 반대해서 우리 동네가 태양광 마을이 안 되는 거래."

"난 그런 거 모른다."

"네가 너희 할아버지한테 한 마디만 해 줘라. 빨리 태양광 마을 만드는 데 찬성하시라고 말이야. 너도 에너지 시간에 배워서 알잖아. 우리나라가 지금 얼마나 위태로운지."

"……."

"나 간다."

민지가 돌아서 가자 두성이는 힘없이 집으로 향했다.

"나는 나라에서 하는 일은 못 믿어."

두성이가 현관문을 열고 들어섰을 때 할아버지는 전화로 누군가와 통화하고 있었다. 할머니가 과일을 내오다 말했다.

"또 그 소리! 두성이 오냐?"

"네."

"이리 와서 과일 먹어라."

할머니가 과일 한쪽을 두성이에게 내밀었다.

"세금 꼬박꼬박 내고, 내 돈 내가 쓰겠다는데 무슨 말들이 그리 많아? 조만간 이민 갈 거니까, 자네도 몸조심하시게."

할아버지는 전화를 끊었다. 그리고 탁자 위에 놓인 고지서를 들어 올렸다. 거기엔 지난달 난방 요금이 적혀 있었다.

645,000원.

"도둑놈들……."

소파에서 일어난 할아버지는 거실의 온도 조절 스위치를 70도로 높였다. 할머니가 과일을 먹다 말했다.

"그러게, 그 태양광인지 뭔지를 하면……."

"시끄러! 비싸면 비싼 대로 내면 돼."

할머니는 할아버지의 고함 소리에 흠칫 놀라며 눈을 질끈 감았다. 두성이는 과일을 입에 문 채 방으로 들어갔다. 방 안은 찜질방처럼 더웠다. 두성이는 웃옷과 바지를 벗어 던졌다. 반팔에 팬티만 입은 두성이는 침대 위에 누워 책상 위에 놓인 작은 액자에 손을 뻗었다. 사진 속에서 엄마, 아빠가 환히 웃고 있었다. 두성이 부모님은 5년 전 돌아가셨다.

다음 날, 형빈이는 부모님과 함께 할인점에서 쇼핑을 했다. 형빈이는 아빠와 함께 남자 화장실에 갔다. 소변을 보면서 형빈이는 아빠에게 말했다.

"참, 아빠! 이 소변기 있잖아요. 친환경 소변기다."

"뭐? 친환경 소변기?"

"응. 이 소변기는 볼일을 보고 나서 물을 쓰지 않는데도 냄새가 안 난대요."

"그래?"

"신기하죠? 그치? 이 건물에서 쓰는 오줌 물을 모아서 코끼리가 목욕할 때 쓴대요. 웃기죠?"

"설마?"

"정말! 소변으로 아빠들이 마시는 생맥주도 만든대요. 색깔도 비슷하잖아."

"아무리……. 누가 그래?"

"우리 선생님이 분명히 그랬어요. 못 믿어?"

"그런 건 아니고……. 아니, 그런데 넌 왜 아빠한테 존댓말을 했다, 반말했다 하는데?"

"네? 제가요? 내가 언제 그랬는데?"

"관두자."

형빈이 아빠가 밖으로 나갔다. 형빈이는 '아빠 참 이상하네.' 하는 표정으로 바지를 추스르고 아빠를 따라나섰다. 이 때, 구석의 화장실 문이 열리고 미스터 X가 나왔다. 그는 밖을 한번 살펴보고 소변기 앞에 섰다. 미스터 X는 형빈이 아빠가 소변을 본 곳에 코를 대고 냄새를 맡았다. 그리고 고개를 끄덕였다. 다시 형빈이가 소변을 본 곳에 코를 대고 냄새를 맡은 미스터 X는 고개를 절레절레 흔들었다. 냄새가 지독했다. 그는 안주머니에서 손바닥만 한 컴퓨터를 꺼내 뭔가를 기록했다.

 자동차? 아니 자전거!

"차를 팔아야겠어."

민지 아빠가 계산기를 두드리며 걱정스러운 목소리로 말했다. 엄마가 놀라 물었다.

"차를 팔아요?"

"영업 때문에 어쩔 수 없이 차를 타고 다녔지만, 이제는 더 이상 몰고 다닐 수가 없어요."

"하긴 휘발윳값이 그렇게 비싸니……. 가만, 지난달 당신 자동차에 들어간 돈이……."

민지 엄마는 가계부를 꺼내 들었다.

"할부금 24만 5천 원, 연료비가…… 헉, 62만 원! 통행료, 주차비까지 모두 합쳐서…… 127만 원! 세상에 이렇게나 많아요?"

엄마는 놀라서 고개를 들었다. 그러나 아빠는 이미 사라지고 없었다.

"아빠 어디 가셨니?"

"글쎄요? 어디 가셨지?"

민지는 아빠가 검지를 입에 대며 조용히 현관문을 빠져나갔다는 말을 차마 할 수 없었다.

다음 날, 민지 아빠는 2010년산 승용차를 끌고 중고차 시장으로 갔다. 그 곳에서 800만 원을 받고 차를 팔고 나서는 바로 자전거 대리점으로 향했다.

'가까운 곳을 오갈 때는 자전거가 최고지.'

민지 아빠는 그렇게 생각하고 석 달 전에 봐 둔 자전거를 가리키며 물었다.

"이거 얼마죠?"

"그거요? 350만 원입니다."

두 바퀴 자전거 대리점

"네!?"

민지 아빠는 깜짝 놀랐다. 얼마 전까지만 해도 30만 원 정도 하던 자전거였다.

"아니, 저…… 0을 하나 더 붙이신 거 아닌가요?"

"옛날이야기 하시네요. 그거 350만 원 맞아요."

"삼…백오십만 원이라고요?"

"좀 싼 것도 있습니다. 한 70만 원짜리."

자전거 대리점 주인은 아이들이 타는 세발자전거를 가리켰다.

"여보세요. 지금 농담합니까?"

"농담이 아닙니다. 사실 의향이 없으면, 저는 이만 바빠서."

그 때 뒤에서 시끄러운 소리가 들렸다. 민지 아빠가 돌아보니 자전거 대리점 앞에 십여 명의 손님이 그새 몰려들었다.

"그 자전거! 내가 사겠소!"

"나는 360만 원에 사겠소!"

"나한테 파시오. 370만 원 내겠소!"

대리점 아저씨는 두 손을 들어 올리고 말했다.

"이러지 마십시오. 국가가 지금 어려움에 처해 있습니다. 에너지 대란이고 석유파동입니다. 이럴 때일수록 자가용 사용을 줄이고 친환경 이동 수단인 자전거를 이용해야 합니다. 그러나! 저는 두 바퀴 자전거회사의 명예를 걸고 무슨 일이 있어도 사재기나 기습 가격 인상, 경매에 의한 판매 등을 하지 않을 것입니다. 그러므로 여러분은 제발 냉정하게 마음을 가라앉히시고……."

그 때였다. 민지 아빠가 대리점 주인에게 다가가 조용히 말했다.

"400만."

대리점 주인은 재빨리 자전거 핸들을 민지 아빠에게 쥐여 주며 말했다.

"사장님! 얼른 가져가시죠."

"아니, 자전거 한 대에 400만 원이라고요?"

민지 엄마가 소리쳤다.

"여보. 이건 획기적인 친환경 자전거예요. 자전거의 중앙 부분에 배터리가 달려 있는데, 4시간 정도 충전하면 100km를 갈 수 있어요."

"전기 요금은 어떻게 하고요?"

"최신형 리튬이온배터리를 쓰고 있어서 전기도 많이 안 들어요."

"소용없어요."

"가장 마음에 드는 건 이게 사람의 힘으로도 움직이는 PAS 즉, 파워 어시스티드 시스템을 이용한 자전거라 이 말이오."

"그래도 안 된다니까요!"

"허, 참."

아빠는 주머니에서 말없이 지갑을 꺼냈다. 지갑에서 수표 넉 장을 꺼내 들고 일어서며 말했다.

"할 수 없군. 다시 갖다 주고 자동차를 찾아와야지. 차 팔고 남은 돈 400만 원은 당신 주려고 했는데."

"잠깐!"

엄마가 손을 들어 아빠를 제지했다.

"친환경 자전거라고 했죠? 그런 건 우리가 먼저 이용해 주어야 할 것 같아요."

엄마의 말에 아빠는 민지를 쳐다보며 허탈한 표정을 지었다.

"그럼, 난 이만 바빠서……."

엄마는 금세 사라져 버렸다. 동시에 아빠가 쥐고 있던 수표도 함께 사라졌다.

"엄마 어디 갔니?" 아빠가 물었다.

"글쎄요."

민지는 보던 책에서 눈을 떼지도 않고 대답했다.

주말이 되자, 민지 아빠는 민지를 데리고 공원에 나가 새로운 자전거를 탔다. 민지도 새 자전거를 타 봤다. 보통 자전거를 탈 때 들이는 힘의 3분의 1 정도만 써도 자전거가 속도를 냈다. 경사진 곳도 쉽게 오를 수 있었다. 신기한 자전거였다. 민지는 힘든 줄도 모르고 세 시간 동안이나 자전거를 탔다.

민지와 민지 아빠가 자전거를 타고 호수 공원을 지날 때, 검은 옷을 입고 검은 안경을 쓴 남자가 그들을 지켜보고 있었다. 그는 가로수 뒤에서 민지가 자전거 타는 모습을 몰래 촬영했다.

# 거대한 도시의 끝자락

햇빛 마을의 북쪽 끝은 서울과 맞닿아 있다. 이 곳엔 비닐하우스가 20여 채 있는데, 자기 집이 없는 사람들이 임시로 살고 있었다. 서울을 오가며 하루 일을 하고 하루치 일한 돈을 받아 어렵게 살아가는 사람들이다.

사람들은 이 곳을 '끝자락'이라 불렀다. 끝자락에 사는 사람들은 비싼 난방비를 감당할 수 없어서 나무를 연료로 썼다. 철판으로 만든 난로를 들여놓고 그들은 밤마다 가까운 산에 올라 나무를 구해 왔다.

학교를 마치고 온 선아는 산 쪽으로 걸어갔다. 잠시

후, 선아는 나무토막을 한 아름 안고 비닐하우스 안으로 들어갔다.

"이제 오니?"

군용 침대에 누운 선아 아빠가 기침을 했다. 3월 말이지만 저녁이면 차가운 기운이 돈다. 난로의 불은 이미 꺼졌다. 엄마는 아직 직장에서 돌아오지 않았다. 선아 아빠는 근육이 굳어지고 몸의 면역력이 점점 떨어지는 병에 걸렸다.

선아네도 다른 사람들처럼 잘살던 시절이 있었다. 아빠는 회사에 다니고 엄마는 병원에서 간병 일을 했었다. 그 때 세 식구는 아담한 아파트에서 오순도순 살았다.

아빠가 병에 걸리고 나서, 아파트를 팔아 병원비를 댔다. 아빠의 병은 고치기 힘들고 치료비도 많이 들었다. 선아가 초등학교에 들어갈 무렵부터 이사를 하기 시작해 결국 이 곳까지 왔다.

"아빠, 춥지? 내가 난로 피울게요."

"괜찮다."

선아는 산에서 주워 온 나무토막을 신문지와 함께 난

로에 집어넣고 불을 붙였다. 비닐하우스 안에 온기가 퍼졌다. 주위는 어느새 어둑어둑해졌다. 선아는 반 토막 난 초에 불을 붙이고 찬장을 뒤져 라면을 꺼냈다. 냄비에 물을 부어 난로 위에 올려놓았다.

"금방 저녁 할게요."

할인점에서 일하는 엄마는 오늘도 밤늦게 들어오실 것 같다. 선아는 촛불 밑에서 낮에 읽다 만 책을 읽었다. 이 때 비닐하우스 밖에 검은 옷에 검은 안경을 쓴 사람이 멈춰 섰다. 그는 선아네 집 앞에서 난로 연통으로 퍼져 나오는 연기를 한참 올려 봤다. 검은 옷의 사나이는 안경을 고쳐 쓰고 비닐하우스 사이로 사라졌다.

"우리나라에서 쓰는 에너지 중에 90%는 수입해서 쓰는 겁니다."

에너지 선생님이 말했다.

"에너지는 우리가 살아가는 데 필요한 건전지 같은 것이에요. 자동차와 기차, 배, 비행기를 움직이고, 건물을 따뜻하게 하지요. 여름엔 에어컨으로 시원하게 하고요. 또 컴퓨터를 작동하게 하고 공장을 돌아가게 만들고 통신을 할 수 있게 하지요."

"말하자면 전기 같은 거네요." 승호가 말했다.

"맞아요. 그런데 전기가 없으면 어떻게 될까요?"

"엘리베이터가 멈추죠."

"텔레비전을 못 봐요."

"컴퓨터 게임도 못 하죠."

아이들이 저마다 한 마디씩 했다. 선생님이 갑자기 선아에게 물었다.

"선아는 전기가 없으면 어떻게 될 것 같아요?"

선아는 머뭇거리다 대답했다.

"……촛불을 켜야 해요."

엉뚱한 대답에 교실은 잠시 조용해졌다. 선생님이 말을 이었다.

"그래요. 전기가 없으면 촛불을 켜야 되겠죠. 전기를 만들기 위해 우리는 그동안 주로 석유를 써 왔어요. 이제는 원자력, 수력, 태양에너지, 땅속의 열, 풍력을 이용해서 전기를 만들어 내지요. 이런 것들을 새로운 에너지라는 뜻에서 '신에너지'라고 해요. 그리고 산에서 구할 수 있는 죽은 나무들, 재활용품들, 동물의 분뇨 같은 것들도 가공하면 연료로 쓸 수 있는데 이런 것들은……."

"재생에너지라고 하죠!" 승호가 소리쳤다.

"맞아요. 재생에너지입니다. 석유는 땅속에 있는 원유로 만드는데 이 원유는 한정되어 있기 때문에 신·재생에너지를 개발해서 써야 해요."

"선생님! 에너지가 고갈되었다는 신호가 왔습니다."

형빈이가 갑자기 말했다. 에너지 선생님이 형빈이를 쳐다봤다.

"뱃속에서 꼬르륵 소리가 났거든요. 이건 인체 에너지가 다 됐다는 뜻 아닌가요? 간식이라도 먹고 해요."

아이들이 웃기 시작했을 때, 3교시 끝을 알리는 음악 소리가 들렸다.

'유가 250달러 돌파!'

점심시간이 되어 사람들이 식당으로 발걸음을 옮길 때 빌딩 전광판에는 이런 소식이 올랐다. 잠시 후, 대통령이 방송에 나와 특별 담화를 발표했다.

"국민 여러분! 우리나라는 현재 심각한 에너지 부족 현상을 겪고 있습니다. 중동의 석유 생산국에서 우리나라에 석유 공급을 중단했기 때문입니다. 우리는 허리띠를 졸라매고 절약하는 생활을 해야 합니다. 앞으로 정부는 모든 단체와 가정에 한 달 동안 쓸 수 있는 에너지양을 지정해 줄 것입니다. 따라서……."

다음 날 아침 6시 30분, 민지 엄마는 민지를 깨웠다.
"민지야! 어서 일어나!"
민지는 비몽사몽간에 물었다.
"몇 신데요?"
"여섯 시 반."
"근데 왜 벌써 깨워요?"
"글쎄 어서 일어나."
"졸려요……."
"민지야!"
민지는 졸린 눈을 비비며 일어나 씻고 주방으로 갔다. 식탁에는 역시 졸린 표정의 아빠가 앉아 있었다.

"오늘부터 우리 식구의 아침 식사 시간은 정확히 일곱 시예요. 예전처럼 아빠는 일곱 시 반, 민지는 여덟 시, 엄마는 아무 때나…… 이런 식으로 밥을 먹다간 도시가스 요금을 감당할 수 없어요."

"그건 그렇고 왜 이렇게 추워?" 아빠가 물었다.

"실내 온도를 18도에 맞춰 놨어요. 추우면 가서 옷을 더 입고 오세요."

민지는 긴팔 셔츠를 껴입었다. 안방으로 들어간 아빠

는 오리털 점퍼를 입고 모자를 쓰고 나왔다. 다행히 장갑은 끼지 않았다.

식사를 마친 아빠는 신문을 펼쳐 들었다.

"가정 에너지 정량제라……. 여보! 다음 달부터는 정해진 양보다 에너지를 더 많이 쓰는 집은 세금을 더 부과하고, 적게 쓰는 집은 보조금을 받을 수 있다는데?"

"그게 무슨 뜻이에요?" 민지가 물었다.

"그러니까, 석유나 가스, 전기를 많이 쓰는 사람은 이제 큰코다칠 거라는 이야기란다." 아빠 대신 설거지를 하던 엄마가 대답했다.

"적게 쓰는 사람은요?"

"정부에서 돈을 준다, 이거지."

민지는 벌떡 일어나서 집 안의 전등 스위치를 끄기 시작했다. 거실, 주방, 화장실까지……. 화장실에서 아빠 소리가 들렸다.

"민지야! 불 켜!"

'헉, 도대체 아빠가 언제 화장실에 가신 거지?'

민지는 놀란 아빠의 목소리에 씽긋 웃었다.

# 도시의 카우보이

기름값이 예전보다 세 배 가까이 오르자 거리에 차들이 눈에 띄게 줄었다. 아주 돈이 많은 사람이나 급한 일로 병원에 오가는 사람들만 자가용을 타고 다녔다. 4차선 도로의 반은 자전거 부대가 차지했다. 버스와 지하철은 늘 붐볐다.

햇살이 맑은 5월의 어느 날, 민지와 아이들은 학교에 가다 큰길에서 말을 탄 아저씨를 만났다. 아저씨는 멋진 카우보이모자와 갈색 선글라스를 걸치고 가죽옷을 입은 채 말을 몰았다. 형빈이가 아저씨한테 엄지손가락을 들어 보이며 말했다.

"아저씨! 멋져요!"

아저씨는 말 위에서 검지를 들어 형빈이에게 겨누고 "빵!" 하는 소리를 냈다. 그리고 손가락을 입으로 가져가 "후~." 하고 부는 시늉을 하며 웃었다. 사람들이 아저씨를 보고 손을 흔들자 멋쟁이 아저씨도 답례를 했다.

"빠앙!"

지나던 트럭에서 경음기 소리가 들렸다. 트럭 운전사 아저씨가 멋지다는 뜻으로 클랙슨(경적)을 울린 것이다. 순간, 뭔가 무거운 것이 말 뒤에서 털썩 떨어졌다. 말똥이었다. 한 발 걷고 싸고, 두 발 걷고 싸고, 세 발 걷고 또 싸고……. 말은 도로 위에 온통 똥을 쏟으며 걸음을 옮겼다.

"와하하하!"

아이들이 웃음을 터뜨렸다. 웃음소리가 들리자 아저씨는 뒤돌아보고 한껏 멋을 부리며 손을 흔들었다. 그 모습을 본 운전사 몇몇이 경적을 울렸다.

"빠앙!"

말은 놀라서 다시 똥을 쌌다.

"뿌직!"

"빠앙!"

"뿌직!"

"빠앙!"

'뿌직!'과 '빠앙!' 소리 사이로 아이들 웃음이 멀어져 갔다.

미스터 X는 에너지 장관 앞에 두툼한 서류 뭉치를 내밀었다.

"이제 1단계를 시행해도 될 것 같습니다."

에너지 장관은 서류를 넘기며 고개를 끄덕였다.

"알았네. 계속 수고하게."

미스터 X는 꼼짝하지 않고 서 있었다.

"나가 보게."

"저, 그게……."

"뭔가?"

미스터 X는 엄지와 검지를 오므려 동그랗게 만들어

장관에게 보였다. 장관은 잠시 그를 쳐다보다 알겠다는 표정을 지었다. 그리고 서랍을 열고 봉투를 건넸다. 미스터 X는 간사하게 웃으며 봉투를 받았다. 장관실을 나온 미스터 X는 봉투를 열어 안에 들어 있는 것을 꺼내 들었다.

동그라미 합창단 공연 초대권.

미스터 X는 얼굴을 찡그리며 장관실을 노려봤다.

잠시 후, 에너지 장관은 대통령과 마주 앉았다. 그는 대통령에게 뭔가를 열심히 설명했다. 대통령은 고개를 절레절레 흔들었다. 에너지 장관은 다시 대통령을 설득했다. 한숨을 내쉰 대통령은 에너지 장관이 가져온 서류에 도장을 찍었다.

한 달 뒤, 강남과 동서울, 은평구의 고속버스 터미널에 서 있던 버스들이 모두 사라졌다. 텅 빈 터미널에는 수백 대의 트럭이 몰려들었다. 사람들은 트럭에 싣고 온 말들을 내렸다. 고속버스 터미널 간판은 이렇게 바뀌어 있었다.

고속 승마 터미널.

6월의 어느 날, 민지 아빠는 승마 터미널에서 말을 빌려 타고 서울의 회사로 가고 있었다.

"안녕하시오?"

갈색 안경에 카우보이모자를 쓴 아저씨가 민지 아빠에게 말을 걸었다.

"아, 안녕하세요?"

"아직도 영업용 말을 타고 다니시오?"

"네?"

"나처럼 자가용 말을 하나 구입하시오. 요즘 한 마리에 5백만 원 정도면 살 수 있다오."

"그런가요?"

"기름 안 들지, 주차 요금 안 내지. 세금 안 내지. 얼마나 좋은지 몰라요."

"아, 네……."

"유지비는 한 달에 10만 원! 건초와 사료 값이라오."

"그렇군요. 생각보다 저렴하네요. 그런데…… 말은 어디에 두나요?"

"주차장을 마구간으로 쓰면 되지요. 요즘 정부에서 마구간을 만들면 지원도 잘해 줘요. 하하하. 그럼 수고하시오."

멋쟁이 아저씨는 아빠를 지나쳐 앞으로 갔다. 뿌직! 아저씨의 말은 여전히 마로 위에 똥을 쌌다.

두성 할아버지는 차에 시동을 걸었다. 차고 문이 자동으로 열렸다. 룰스루이는 부드럽게 도로 위로 나섰다. 두성 할아버지는 가장 아끼는 차를 몰고 오랜만에 드라이브에 나섰다. 모퉁이를 돌아서자 연료 표시등이 반짝거렸다.

"이런, 벌써 기름이 떨어졌나?"

무게가 2,500kg이나 나가는 이 자동차는 휘발유 1리터에 4km를 달린다. 차 값만 7억 원이 나가는 세계 최고급 승용차였지만 연비는 세계 최악이었다. 두성 할아버지는 가끔 이 차를 몰고 부산까지 다녀오곤 한다. 그저 바람을 쐬기 위해서.

조수석 쪽 차 유리 밑에는 두성이 아빠와 엄마의 사진이 놓여 있었다.

'불쌍한 것들…….'

두성 할아버지는 비뚤어진 액자를 바로 고쳤다.

휘발유 리터당 6,500원.

주유소 사장은 파리채를 들고 휘둘러 댔다. 롤스루이가 들어서자 사장은 두 눈이 휘둥그레졌다. 두성이 할아버지는 창문을 내리며 외쳤다.

"가득!"

사장은 서둘러 연료를 채우고 말했다.

"13일 만에 처음 오시는 손님이니 특별히 10% 깎아 드리겠습니다."

두성이 할아버지는 수표를 건네며 말했다.

"어려울 텐데 할인은 무슨……. 됐소."

사장은 얼이 빠진 모습으로 허리를 90도로 꺾어 인사를 했다.

두성이 할아버지는 말끔하게 세차를 하고 기분 좋게 주유소를 나섰다. 사거리를 지나 서울로 가는 도로로 들어섰을 때, 어디선가 시커먼 덩어리가 날아와 앞 유리창에 철썩하고 달라붙었다. 끼이익! 두성 할아버지는 급히 브레이크를 밟았다.

"이게 뭐야?"

두성이 할아버지는 차를 세우고 밖으로 나왔다. 유리창에는 말똥이 붙어 있었다. 룰스루이 옆으로 말들이 지나갔다. 말똥이 도로 이곳저곳에 흩어져 있었다. 두성 할아버지는 이를 꽉 물고 원성을 터트렸다.

"내가…… 이래서……. 나라에서 하는 일을 못 믿는다니까!"

 최악의 여름

 여름의 광화문 8차선 거리는 악취가 진동했다. 1, 2차선은 자동차가 다녔다. 3, 4차선은 자전거들이 차지했다. 5, 6차선은 말과 마차들이 다니는 전용 마로가 됐다. 7, 8차선은? 소가 끄는 달구지들의 몫이었다. 길 위엔 소똥과 말똥이 굴러다녔다.

 국제 유가는 배럴당 300달러를 돌파했다. 대부분의 사람들은 걸어 다니거나 자전거를 타고 다녔다. 퇴근 시간은 오후 4시로 빨라졌다. 버스와 지하철이 오후 8시까지만 다녔기 때문이다.

밤 9시가 넘으면 서울의 번화가 불빛도 모두 꺼졌다. 아빠들은 일찍 집에 들어왔다. 하지만 비싼 전기 요금 때문에 밤늦도록 불을 켜거나 텔레비전을 볼 수 없었다.

여름이 시작되면서 햇빛 마을 사람들은 모두 태양광 발전기를 설치했다. 언제까지 두성이 할아버지의 찬성을 기다릴 수는 없었다. 정부의 보조금이 조금 줄긴 했지만 치솟는 전기 요금을 감당할 수 없었기 때문이다.

한 달 뒤, 민지네 식구는 전기 요금 고지서를 보고 깜짝 놀랐다. 전기 요금 칸에는 이렇게 쓰여 있었다.

이달 내실 요금 - 200원.

"200원? 뭐가 잘못된 거 아니에요?" 민지가 물었다.

"잘못된 거 아니다. 우하하핫!" 아빠가 대답했다.

"엄마, 우리 집 지난달 전기 요금 얼마 나왔어요?"

"〈비밀의 정원〉도 못 보고…… 그렇게 절약했는데도 18만 6천 원이나 나왔었지……."

"와우. 그럼 이건 뭐죠?" 민지는 아빠를 쳐다봤다.

"뭐긴 뭐냐? 기본요금 200원이지. 태양광 발전기를 통해서 전기를 쓰니까 따로 전기 요금을 낼 필요가 없다는 뜻이야. 우하하핫!"

"그럼……. 우리가 지난달 쓴 전기는 모두 태양광 발전기가 만들어 낸 것이라는 뜻?"

"빙고! 이제 태양광이 얼마나 좋은 건지 알겠지?"

"와! 대단해요."

엄마는 뭔가 결심한 듯 안방으로 가셨다. 안방이 갑자기 시끄러워졌다. 민지와 아빠는 안방으로 가 봤다. 엄마는 리모컨을 잡고 훌쩍이고 계셨다.

"이게 얼마 만인지……. 으흐흑……. 민지야. 나 말리지 마. 엄마 지금부터 〈비밀의 정원〉 1회부터 10회까지 녹화해 놓은 거 볼 거니까. 으흐흑……."

두성이네는 여전히 고집불통이었다. 한 달에 백만 원이 넘는 전기 요금을 내면서도 두성이 할아버지는 방마다 에어컨을 틀었다. '겨울에는 덥게, 여름에는 춥게!' 이게 두성 할아버지의 좌우명이었다. 집 안에서 두성이는 겨울엔 반팔을 입고, 여름에는 긴팔을 입고 지냈다.

두성이 할아버지는 여전히 룰스루이를 몰고 드라이브를 했다. 두성이는 가끔 할아버지 차를 타고 부모님 산소에 다녀오곤 했다. 일주일에 한 번쯤은 할머니, 할아버지와 함께 서울의 근사한 레스토랑에 가서 외식을 했다. 두성이네 식구가 새로 생긴 스파게티 전문점에서 저녁을 먹고 돌아왔을 때 차고의 자동문 앞에서 검은 그림자 하나가 나타났다 사라졌다.

햇살이 뜨거운 날에 민지네 반 아이들은 운동장으로 나갔다. 에너지 선생님은 아이들에게 손바닥만 한 태양광 전지판을 나눠 줬다.

"자, 종이로 바람개비를 만들어서 모터에 꽂고 모터는 태양광 전지판에 전선으로 연결하세요."

아이들은 색종이를 오려 바람개비를 만들었다. 바람개비 가운데 구멍을 뚫어 모터에 끼워 넣고 모터와 전지판을 연결했다.

"다 만든 사람은 전지판을 태양 쪽으로 해 보세요."

아이들이 전지판을 태양 쪽을 향하도록 돌리자 바람개비가 돌아갔다.

"어, 돌아간다!"

"신기하죠? 태양이 에너지가 될 수 있다는 것이?"

"정말 신기해요."

이번에는 전지판을 열 개씩 모아 모형 자동차 위에 달았다. 건전지 대신 태양전지로 가도록 만들어진 모형 자동차는 유모차만 했다. 전지판 열 개를 연결한 자동차는 움찔움찔하다가 곧 멈췄다. 선생님은 스무 개를 연결하도록 했다. 자동차는 가다 서고, 가다 서고를 반복했다.

"이번에는 여러분이 가진 전지판을 모두 모아 봐요."

아이들은 전지판 서른 개를 모아서 연결했다. 꽤 무게가 나가는 모형 자동차는 태양에너지를 받고는 부르릉~ 하고 힘차게 움직였다.

"와~."

아이들이 박수를 치며 환호했다.

"작은 전지판도 모으면 큰 힘이 된답니다."

선생님이 설명했다.

수업이 끝나고 민지는 두성이에게 자기 집 전기 요금 고지서를 내밀었다. 두성이가 물었다.

"이게 뭐야?"

"우리 집 전기세가 얼마인지 알아?"

"내가 알 게 뭐야?"

"겨우 200원이야."

"그래서?"

"오늘 배우지 않았어? 온실가스도 줄이고 전기 요금도 덜 내려면 태양광 발전기를 설치해야 해."

"남의 집 일에 간섭 좀 하지 마."

두성이는 벌컥 화를 내며 교실을 나갔다. 민지는 한숨을 쉬며 교문을 나섰다. 저만치 앞서 선아가 보였다.

"선아야!"

선아는 민지 목소리에 뒤를 돌아봤다.

"우리 집에 가서 놀다 가지 않을래?"

선아가 고개를 저었다.

"오늘은 일찍 가 봐야 해."

"왜?"

"아빠가 좀 편찮으셔서."

"아직도 많이 아프셔?"

"좀 나으셨는데……. 엄마가 나보고 일찍 와서 아빠 봐 드리라고 하셨거든."

"그래, 그럼. 다음에 놀자."

"응."

선아는 걸어서 집에 왔다. 비닐하우스 이곳저곳이 찢어진 채 바람에 흔들렸다. 아빠는 힘없이 누워 계셨다.

"콜록콜록."

아빠가 기침을 했다.

"쿨럭쿨럭!"

기침 소리가 점점 커졌다.

"후아… 쿨럭쿨럭! 후아… 쿨럭쿨럭 쿨럭!"

기침 소리가 심해서 꼭 아빠가 숨이 넘어갈 듯했다. 선아는 재빨리 컵에 물을 받아 아빠에게 드렸다.

"아빠, 물!"

"쿨럭, 쿨럭…알았…쿨럭쿨럭 쿨럭!"

선아가 할 수 있는 일이라고는 아빠 등을 받치고 물컵

을 들고 있는 것뿐이었다. 아빠의 기침이 잦아들자 선아는 컵을 아빠 입에 갖다 댔다. 한 모금 마신 아빠는 다시 기침을 했다. 선아는 컵을 내려놓고 수건을 가져다 아빠 이마에 맺힌 땀을 닦았다. 잠시 뒤에 아빠는 기침을 멈추었다. 그리고 지친 듯 다시 쓰러졌다.

"선아야…… 아빠 이제 괜찮다……."

"응……."

아빠는 이내 잠이 들었다. 선아의 눈에서는 조용히 눈물 한 방울이 떨어졌다.

해가 질 무렵이 되자 선아는 산으로 올라섰다. 여름이라 난방을 할 필요는 없었지만, 밥을 하려면 나무가 필요했다. 선아는 오솔길을 오르며 바닥에 떨어진 나뭇가지 몇 개를 주워 시장바구니에 담았다. 마른 나뭇가지 몇 개도 꺾었다. 비탈을 돌아 아랫길로 들어섰을 때, 누군가 선아의 팔을 잡았다.

"학생!"

선아가 돌아보니 아저씨 두 명이 서 있었다. 그들은 팔에 '산림 보호'라는 완장을 두르고 있었다.

"여기 있는 나무를 가져가면 안 되는 거 몰라?"

"네?"

"여기는 사유지야. 그러니까 주인이 있는 산이라고."

"저는…… 그런 건 몰랐어요."

"음, 사유지가 아니라도 요즘에 이렇게 산에서 함부로 나무를 하면 안 돼. 지금 나무가 얼마나 비싼 값에 팔리고 있는데……."

"잘못했어요."

"나무 다 내려놓고 가."

"……."

선아는 머뭇거렸다. 나무가 없으면 밥을 못 한다. 아빠에게 죽이라도 끓여 드리려면 나무가 꼭 있어야 한다.

"아저씨, 그냥 가져가게 해 주세요. 네?"

"어허, 어서 그 자루 내려놓고 가라니까."

옆에서 잠자코 있던 아저씨가 선아에게 다가왔다.

"너 혼 좀 날래?"

아저씨는 오른손에 든 방망이를 왼손 바닥에 딱딱 내리쳤다.

"아이한테 너무하는군."

선아와 아저씨들이 소리 나는 곳을 돌아봤다. 검은 모자에 검은 옷을 입은 사람이 서 있었다. 미스터 X였다. 아저씨들이 험한 표정으로 물었다.

"당신은 뭐요?"

미스터 X가 다가와서 그들에게 뭔가를 보여 주었다. 산을 지키는 아저씨들은 놀라 절을 하며 물러섰다. 미스

터 X는 선아에게 말했다.

"앞으로는 여기에서 나무하지 마라."

"……네, 고맙습니다."

선아가 인사를 하고 뒤돌아서 내려오려 했을 때였다.

"아, 잠깐."

미스터 X는 선아에게 다가와 뭔가를 내밀었다.

"그걸로 당분간 버텨라. 좋은 시절이 올 거다."

선아는 쪽지를 내려다봤다.

에너지 무료 지급 티켓 - 부탄가스 10캔.

"저……. 이게 뭐죠?"

선아가 눈을 들었을 때, 검은 옷의 아저씨는 사라지고 없었다. 그날 선아네 집 휴대용 가스레인지엔 오랜만에 불이 붙었고 선아가 만든 찌개가 보글보글 끓고 있었다.

# 미스터 X의 정체

7월의 태양이 뜨겁게 내리쬐는 날이었다. 에너지 선생님과 아이들은 등산로에서 수업을 하고 있었다. 에너지 선생님이 말했다.

"산에 있는 나무도 중요한 에너지예요. 바닥에 떨어져 있는 나무 조각들을 모아서 압축시킨 다음 펠렛이라는 연료를 만듭니다. 보통 나무보다 열을 많이 내기 때문에 중요한 에너지랍니다. 산에서 나무를 함부로 주워 가면 안 돼요."

선아는 부끄러워 고개를 떨어뜨렸다. 마치 어제 한 행

동을 들키기라도 한 것 같았다.

"동물의 똥도 아주 중요한 에너지예요."

아이들이 깔깔거렸다.

"지금도 지구 위에 사는 사람들 중에 10억 명 가까운 사람들은 양이나 소똥을 말려서 연료로 써요. 유럽과 미국 같은 선진국에서는 농촌 곳곳에 동물 똥을 전기로 만드는 발전소를 만들어 놨어요. 소똥을 공기가 통하지 않는 원통 창고에 넣고 오래 놓아두면 썩어 들어가면서 메탄가스가 생겨요. 이 가스에 불을 붙여 발전기를 돌리면 전기가 만들어지지요."

"와, 냄새가 지독하겠네요."

"생각만큼 냄새가 많이 나지 않아요. 전기를 만들고 난 분뇨를 다시 비료로 쓰기도 하지요. 선진국에서는 소똥을 버리지 않고 다양한 에너지로 쓴 답니다."

갑자기 형빈이가 손을 들었다.

"선생님! 인간이 소똥을 다 써 버리면 쇠똥구리는 뭘 먹고사나요?"

선생님은 당황하는 것 같았다.

"하하하……. 그게……."

형빈이는 다시 물었다.

"만약 쇠똥구리가 생각을 할 줄 안다면, 먹이인 소똥을 먹으면서 혹시 이런 생각을 하지 않을까요? '나는 지금 밥을 먹는 것인가, 똥을 먹는 것인가?' 쇠똥구리는 똥이 가득한 들판에서 혹 이렇게 느끼지 않을까요? '아, 이 식욕을 자극하는 맛있고 향기로운 냄새~.' 쇠똥구리는 똥이 마려우면 '아, 똥 마려워.'라고 말할까요, 아니면 '아, 밥 마려워.'라고 할까요?"

아이들은 배꼽을 잡고 웃어 댔고 에너지 선생님은 웃어야 할지 울어야 할지 모르겠다는 표정으로 형빈이를 쳐다봤다.

대통령은 강원도 태백시에 있는 해발 1,303m의 매봉산 정상을 향했다. 정상 직전에는 여덟 개의 풍력발전기가 아름답게 서 있었다. 풍력발전기를 올려다보던 대통령이 시장에게 물었다.

"풍력발전기는 어떻게 전기를 만드는 것이오?"

"저 꼭대기에 발전기와 증속 장치가 설치되어 있습니다. 바람이 날개를 돌리면 날개는 증속 장치를 돌리고 증속 장치는 발전기를 돌립니다. 발전기가 돌아가면서 전기를 만드는 것이지요."

날개가 획획 소리를 내며 돌아갔다.

"풍속이 초속 6에서 8미터일 때 날개는 16에서 20번 회전합니다. 발전에 가장 좋은 풍속은 초속 12에서 16미터 정도지요. 이 곳 매봉산은 우리나라에서 가장 바람이 세게 부는 곳입니다."

"그렇군……."

이 때, 누군가 에너지 장관에게 다가와 쪽지를 전했다. 그 쪽지를 본 에너지 장관은 대통령에게 다가와 조용히 말했다.

"각하……. 조사가 다 끝났습니다."

"그래요?"

"이제 국민들을 설득해야 할 것 같습니다."

"알겠소……. 요원들을 보내시오."

에너지 장관은 휴대전화를 들어 다이얼을 눌렀다.

"누구시오?"

두성이 할아버지가 인터폰으로 묻자 대문 앞에 서 있던 검은 옷을 입은 사람들이 대답했다.

"국에감사단에서 나왔습니다."

"뭐요?"

"국-에-감-사-단이요."

"국에 감사하다고?"

"국가 에너지 감사 특별 조사단이라고요."

잠시 후 문이 열렸다. 요원 두 사람이 미스터 X와 함께 두성이네 집으로 들어갔다. 요원 1이 말했다.

"저희는 대통령 직속기관인 국가 에너지 감사 특별 조사단 요원들입니다."

"나라에 소속된 친구들이로구먼! 그래, 내게 볼일이 뭐요?"

"어르신. 단도직입적으로 말씀드리겠습니다. 지금 석유가 모자라서 큰 어려움을 겪고 있는 것 잘 아시지요?"

"음…. 뭐, 그렇다고 하더구먼."

"우리나라는 현재 에너지 정량제를 실시하고 있습니다. 그동안의 결과에 따라 모든 가정에 일정한 양의 석유와 가스, 전기를 지급할 계획이지요. 여기서 일정한 양이란 한국인 1인당 탄소 발생량 3,000kg을 기준으로 합니다."

두성이 할아버지는 알 수 없다는 표정을 지었다.

"그게 도대체 무슨 소리요?"

"아, 그러니까 두성이네 같은 경우는 할아버지, 할머니, 두성이 이렇게 세 식구니까 탄소 발생량 9,000kg 정도에 해당하는 만큼의 에너지만을 국가에서 공급한다는 말이죠."

퍽! 요원 2가 요원 1의 뒤통수에 꿀밤을 한 대 먹였다. 요원 2는 할아버지에게 말했다.

"쉽게 말해서, 할아버지가 지금처럼 전기, 가스를 많이 쓰고 배기량이 큰 차를 몰고 다니다가는 곧 에너지를 더 이상 쓰실 수 없게 된다, 이런 말씀입니다."

"뭐라고?"

"할아버지께선 올해 쓰셔야 할 에너지양을 거의 다 쓰셨습니다. 아직 7월인데 올 들어 지금까지 할아버지가 쓰신 에너지양은 5,675, 할머니 1,770, 두성이 580, 합이 8,025kg입니다. 올 한 해 동안 이 가족이 쓸 수 있는 에너지양은 결국 9,000-8,025=975kg만큼 남아 있다는 뜻이지요."

"그래도 난 무슨 말인지 모르겠어."

퍽~! 미스터 X가 요원 2의 뒤통수에 꿀밤을 한 대 먹였다. 미스터 X가 말했다.

"죄송합니다. 제가 교육을 잘못시켜서……."

미스터 X는 계산기를 꺼냈다.

"이건 탄소 계산기입니다. 여기에 한 달 도시가스 요금과 전기 요금, 자가용 이용 유무, 대중교통 이용 방법

등을 입력하면, 1인당 연간 이산화탄소 배출량이 나옵니다. 두성이네는 룰스루이 승용차를 올해 8,000km 운행하셨죠? 연비는 리터당 4km… 그리고 도시가스 요금이 60만 원 정도, 전기 요금이 35만 원…… 맞죠?"

"맞겠지."

"보십시오. 지금까지 두성이네가 사용한 에너지 때문에 8,025kg의 이산화탄소가 발생했습니다. 에너지를 아끼지 않으시면 더 이상 휘발유도 가스도 전기도 쓸 수 없고, 룰스루이도 몰 수 없습니다."

"푸하하하~."

할아버지는 큰 소리로 웃었다.

"이 나라가 도대체 어떻게 되어가는 건지……. 점점 더 우스운 일들만 하고 있구먼. 허허허!"

"?"

요원 1, 2는 서로 마주 보며 이해할 수 없다는 표정을 지었다. 할아버지는 미스터 X를 뚫어져라 쳐다봤다.

"이보시오, 나는 나라에서 하는 일은 믿지 않아요."

"어쨌든 이런 상태라면 어르신은 앞으로 더 이상 에너

지를 사용하실 수 없습니다."

"돈은 뒀다가 뭐하게?"

"돈이 많으셔도 안 됩니다. 1인당 에너지 사용량이 법으로 정해졌기 때문입니다."

"그래서 지금 나에게 경고를 하고 있는 건가?"

"경고가 아니라 부탁을 드리는 겁니다. 지금은 여름이라 괜찮지만 겨울에는 어떻게 하실 건가요?"

"……."

"돈이 있다고 전기와 연료를 마구 낭비하는 것은 도둑질과 같은 것입니다. 다른 사람들과 골고루 써야 할 것을 자기 혼자만 많이 쓰는 것이니까요. 어르신께서는 에너지 도둑이 되고 싶으십니까?"

"이 사람이……."

"잘 생각해 보십시오. 두 손을 모아 이렇게 부탁드립니다."

미스터 X는 두 손을 이마 위에 올리며 깊이 고개를 숙였다. 두성이 할아버지는 굳은 얼굴로 말했다.

"안녕히 가시오."

그날 저녁, 저녁을 먹는 자리에서 두성이는 할아버지에게 말했다.

"할아버지."

"왜?"

"우리 집…… 그 태양광 발전기 설치하면 안 돼요?"

"두성아!" 할머니가 할아버지 눈치를 보며 단호히 말했다. 할아버지는 조용히 식사를 계속했다. 두성이가 말을 이었다.

"애들이 저를 놀려요. 우리 집 때문에 햇빛 마을 사람들이 손해 봤다고. 저는 왕따가 됐단 말이에요."

"두성아."

"네……?"

"네 엄마 아빠가 어떻게 돌아가셨는지 알고 있니?"

"……."

"여보, 그건……." 할머니가 제지하려 했지만, 할아버지는 말을 이었다.

"너의 엄마 아빠는 촉망받는 과학자들이었단다. 미국의 항공우주국에서 최고의 대우를 받으면서 일하고 있

었지. 두 사람이 너무 바빠 너는 잠시 이 곳에 남겨 두었고. 5년 전 우리나라에서 새로운 에너지 개발을 위해 네 엄마 아빠를 불러들였어. 너의 엄마 아빠는 군사용 잠수함을 타고 서해에서 연구 작업을 하고 있었지. 그런데 그 잠수함이 정체불명의 어뢰를 맞고 폭파되었단다."

"그 얘긴 또 왜 해요?" 할머니는 벌써 눈이 붉어졌다.

"우리나라에서는 그 어뢰에 대해 수사를 했지만, 이렇다 할 단서를 잡지 못하고 흐지부지되었단다. 시간이 흐를수록 사람들의 기억에서 희미해지자 나라에서는 조사를 대충 마무리하고 말았지. 새로운 에너지 개발을 한다고 나라에서 부르지만 않았어도 두성이 너랑 지금까지 오순도순 잘 살고 있을 것을…… 괜한 에너지 연구한다고 왔다가 결국 네 엄마 아빠는 억울하게 죽었다."

"두성이가 더 철이 들면 말해 줘도 될 것을……."

할머니는 말을 맺지 못했다.

"두성아, 할아버지라고 왜 에너지가 중요한지 모르겠니. 하지만 할아버지는 아직은 나라에서 하는 말을 따르지 못하겠다. 그 때 억울하게 죽은 너의 엄마 아빠를 생각하면……."

할아버지도 잠시 말을 잇지 못하셨다.

"할아버지도 다 생각이 있으니까 두성이 넌 조금만 기다려라. 응?"

"네……."

두성이가 눈을 들었을 때, 어느새 할아버지의 눈가도 젖어 있었다.

 ## 인간만 지구의 주인일까?

"아빠, 그런데 태양열하고 태양광하고 어떻게 다른 거예요?"

책을 읽고 있던 민지가 물었다.

"음…… 그건……. 잠깐 기다려라."

아빠는 책상 서랍에서 돋보기와 손바닥만 한 얇은 거울 같은 것을 꺼내 왔다.

"자, 이 돋보기를 봐라."

아빠는 돋보기로 신문지에 빛을 모았다. 연기가 나더니 곧 신문지가 타들어 갔다.

"돋보기를 이용하면 종이에 불을 붙일 수 있지? 태양열도 같은 원리란다. 거울 같은 것으로 태양열을 모아서 이 열로 물이나 기름을 데우고 그 때 발생하는 증기의 힘으로 발전기의 터빈을 돌리는 거야."

아빠는 얇은 거울 같은 것을 들어 올렸다.

"이건 태양광을 에너지로 바꾸는 태양전지야."

"어? 그건 지난번 에너지 수업 때 봤던 거예요."

"이 태양전지는 아주 작은 것이지만 바람개비 정도는 돌릴 수 있지."

"맞아요. 그걸로 바람개비를 돌렸어요."

"태양광 에너지는 빛을 직접 전류로 바꾸지. 이 전지는 실리콘으로 만들어진 반도체란다. 식물의 광합성 원리를 생각하면 돼. 식물은 잎으로 태양의 빛을 받아서 그 빛을 양분으로 만들잖니."

"맞다!"

"태양에너지를 전기로 만드는 것은 인간이 하는 광합성이라고

할 수 있어."

"아빠, 석유는 제가 어른이 될 때쯤에는 다 없어진다면서요?"

"아마 그럴걸? 그래서 지금 우리가 태양에너지를 개발하고 있는 거란다. 태양은 1초마다 17만 5천 테라와트의 에너지를 지구에 보내고 있어. 우리 인류가 사용하는 것은 그 중에 0.01% 정도밖에 안 돼."

"와……. 태양에너지는 정말 무궁무진하네요."

"그렇지……."

"요즘처럼 에너지가 소중할 때는 식물이 부러울 때도 있어요."

"식물이 지구에 처음 살기 시작한 것은 20억 년 전이야. 인간은 약 5백만 년 전부터 살아왔지. 식물이 지구 위에 나타난 것이 24시간 전이라고 치면, 우리 인간이 나타난 것은 겨우 3분 40초 전이란다."

"에계……. 그것밖에 안 돼요?"

테라와트 1테라와트는 1조 와트

"그렇다니까. 동물은 6시간 전에 나타났어. 공룡은 한 시간 48분 전에 나타났다가 46분 전에 사라진 셈이지."

"그럼……. 피라미드가 세워진 것은?"

"지금으로부터 약 4천5백 년 전이니까…… 0.2초 전이네."

"헐……. 정말 인간의 역사도 아무것도 아니네."

"인간만 이 지구의 주인이 아니야. 식물과 동물도 공동 주인인 셈이지. 그런데 인간만 편하게 살자고 에너지를 낭비하고 환경을 오염시키면 되겠어? 지구가 망가지면 식물과 동물에게 큰 피해가 가고 결국 인간에게도 위협이 되는 거지."

"그렇구나……. 그런데 아빠, 설마 태양이 없어지진 않겠죠?"

"과학자들은 50억 년쯤 뒤에는 태양이 식어 버린다고 말하고 있어."

"정말요? 그럼 큰일인데……."

"그러게 말이다…. 태양이 식으면 지구도 끝이지……. 아빠도 걱정이다……."

민지와 아빠는 심각한 표정이 됐다. 이 때 엄마가 들어왔다.

"아니, 표정들이 왜 그래요?"

"엄마……."

"왜?"

"태양이 지금부터 50억 년 뒤에 식어 버린대요……."

"뭐? 정말이야?"

"네."

"에휴……. 어쩌면 좋냐?"

민지 엄마도 심각한 표정을 지었다.

2학기가 시작되고 며칠이 지난 9월의 첫날, 선아가 수업을 마치고 집으로 돌아왔을 때였다. 아빠는 침대에 누워 호흡을 가쁘게 내쉬고 있었다. 오늘 아침에 선아와 엄마가 집에서 나올 때만 해도 아빠는 조용히 침대에 누워 있었다.

"아빠, 괜찮으세요?"

아빠는 눈을 뜨지 못했다. 갑자기 아빠가 '헉! 헉!' 하고 숨이 넘어가는 소리를 냈다.

"아빠!"

선아는 아빠에게 다가가 손을 잡았다. 손이 뜨거웠다. 아빠의 이마에는 땀이 맺혀 있었고, 반쯤 뜬 두 눈은 초점 없이 흔들렸다.

"아빠, 정신 차리세요. 아빠!"

선아는 어찌할지 몰랐다. 선아는 자기도 모르게 밖으로 뛰어나갔다.

"어? 쟤는 선아인데……."

룰스루이를 타고 가던 두성이가 비닐하우스 단지에서 뛰어나오는 선아를 보고 말했다.

"누구 말이냐?" 할머니가 물었다.

"저기 뛰어가는 아이요. 우리 반 선아예요."

할머니가 차창 밖을 내다봤다. 신발 끈도 제대로 묶지 않고 머리도 정돈하지 않은 여자아이가 정신없이 뛰고 있었다.

"여보, 저 아이 앞에 차 좀 세워 봐요."

할아버지는 선아 앞에 차를 세웠다. 창을 내린 할머니는 선아에게 물었다.

"얘야, 어디 가니?"

선아는 정신이 반쯤 나간 아이처럼 보였다. 눈에는 눈물이 그렁그렁했다. 선아는 쉽게 입을 열지 못하고 가쁘게 숨을 내쉬었다.

"난 두성이 할머니란다. 무슨 일이 있니?"

선아는 그제야 숨을 삼키며 말했다.

"우리 아빠가……. 지금 많이 아프신데……. 갑자기 열이 오르고 숨도 못 쉬세요. 엄마는 일을 나가셨고……. 헉헉……."

"일단 이 차에 타라. 우리와 같이 가 보자."

선아는 잠시 머뭇거렸다. 두성이 할아버지가 말했다.

"얘야, 얼른 타거라. 아빠가 많이 아프시다며? 우리가 병원에 모셔다 드리마."

두성이가 차 문을 열었다. 선아는 잠깐 머뭇거리다 차에 올랐다. 두성이 할아버지는 선아에게 물었다.

"너희 집이 어디니?"

몇 시간 후, 병원 복도에서 선아 엄마는 두성이 할아버지와 할머니에게 연신 고개를 숙였다.

"고맙습니다……. 두성이 할아버님, 할머님. 정말 고맙습니다."

급성 폐렴 증세를 보인 선아 아빠는 병원에서 응급조치를 취해 열이 떨어지고 호흡이 정상으로 돌아왔다.

"두 분이 아니었으면……. 아이 아빠가 위험할 뻔했네요. 이 은혜를 어떻게 갚아야 할지……."

"아니에요. 참 착한 따님을 두셨어요."

두성이 할머니가 대답했다.

"감사합니다."

선아 엄마는 눈물을 떨어뜨렸다.

"마음 굳게 먹어요. 아이 때문에라도 엄마가 모질게 살아야 해요."

할머니가 선아 엄마의 두 손을 꼭 잡았다.

두성이네가 차를 몰고 집으로 돌아올 때, 룰스루이 연료 계기판이 0을 가리켰다.

"허어, 벌써 비었나? 하긴, 장거리를 오갔으니……."

두성 할아버지는 승용차를 몰아 주유소로 들어갔다.

"가득 채워 주시오."

주유소 직원은 할아버지의 얼굴을 한 번 보더니, 자동차를 봤다. 그는 룰스루이의 번호판을 보고 손바닥 안에 쥐고 있던 작은 기기에 번호를 입력했다. 잠시 후, 그는 할아버지에게 말했다.

"어르신, 이 차에는 휘발유를 넣을 수 없겠는데요?"

"아니, 왜?"

"보십시오."

직원은 스마트폰처럼 생긴 기기를 할아버지에게 보여 주었다. 액정에는 이런 표시가 떠 있었다.

차량 번호 - 39 루 5555 / 차종 - 룰스루이 / 차주 - 고해팔 / 가구 에너지 사용량 - 9,001kg CO_2 =) 초과 / 가능 주유량 - 0리터.

"에너지 사용량이 초과되었습니다. 여기 가능 주유량을 보세요. 0리터라고 나와 있지요? 어르신은 올 12월

31일까지 더는 주유를 받지 못하십니다."

"뭐요? 이 사람들이 정말······."

할아버지는 알 수 없는 소리로 혼잣말을 했다.

"알았소. 돈을 두 배로 주겠소."

"그래도 안 됩니다. 에너지 사용량을 초과한 사람에게 휘발유를 파는 것은 불법입니다."

"세 배로 주겠소."

"불법으로 기름을 팔았다가는 저희 주유소는 영업정지를 당하고 벌금을 내야 합니다."

순간, 두성이 할아버지가 화가 나서 소리쳤다.

"이 주유소 얼마면 살 수 있나?"

"허······."

직원은 말없이 사라졌다.

"역시······. 나라에서 하는 일이란."

두성이 할아버지는 고개를 들어 먼 하늘을 바라보았다. 두성이도 할머니도 아무 말이 없었다.

 뜻밖의 방문자

"석유수출국기구 회의가 언제지요?"

대통령이 물었다.

"내년 4월입니다."

에너지 장관이 대답했다.

"우리나라의 비축량은 얼마나 되오?"

"비축량은 현재 50일분뿐입니다. 다음 달에 미국과 중국에서 긴급 원조가 들어오면 80일분으로 늘어납니다만……."

"석유수출국기구 회원 국가의 원수들과 한 사람 한 사

람씩 만나야겠소. 비밀 회담을 추진하시오."

"알겠습니다."

"신·재생에너지 발전소 추진 현황은 어떻게 됐소?"

"빨리 짓고 있습니다만…… 내년 중반이 되어야 완공될 것 같습니다."

"알겠소. 수고하시오."

에너지 장관이 대통령실을 나갔다. 대통령은 혼잣말을 했다.

"올겨울은 꽤나 춥겠군."

"어? 이번 달에는 전기 요금이 왜 이렇게 많이 나왔지?"

민지 엄마는 고지서를 들고 말했다.

234,000원.

"여보! 이리 좀

와 봐요."

민지 엄마는 민지 아빠에게 고지서를 보여 줬다.

"지난달까지 몇백 원만 내면 됐잖아요?"

"혹시 당신 낮에 에어컨 틀고 있었소?"

민지 엄마는 당황하는 표정이었다.

"어, 어…. 네……."

"얼마나?"

"한두 시간?"

민지 아빠가 민지 엄마를 노려봤다.

"세 시간쯤?"

민지 아빠는 계속 민지 엄마를 노려봤다.

"그게…. 하루 종일 틀어 놨었어요."

"음식물 분쇄기도 다시 사용했지요?"

"네……."

"세탁기도 돌렸고?"

"그…렇죠."

"청소는?"

"로봇청소기, 그리고 전기 스팀 걸레질로……."

"로봇청소기? 난 그런 거 산 적 없는데?"

"두 달 전에 샀어요."

"어디서?"

"홈쇼핑……."

"아니, 왜?"

"어차피 태양광 발전기가 있으니까, 전기는 마음껏 써도 되잖아요. 그래서……."

"여보, 태양광 발전기에도 용량이란 게 있어요. 우리 마을에 설치된 것은 가정용으로 한 번에 3KW를 생산해 내는 것이에요. 그 이상 전기를 쓰면 지금처럼 비싼 전기 요금을 내야 한다고요."

"그럼……. 태양광 발전기를 설치해도 전기는 아껴 써야 한다는 말?"

"그렇지."

"그럼, 신·재생에너지를 써도 에너지는 아껴야 한다는 뜻?"

▸ **킬로와트** 1와트의 1천 배

"그렇지."

"그럼, 재활용을 하고 걸어 다니고 자전거를 타고 다녀도 여전히 검소하게, 절약해야 한다는 거?"

"그렇지."

"그럼, 이제부터 전기를 아껴 쓸 테니까 당신은 나를 용서한다는 말씀?"

"그렇…. 아니, 그건 아니고."

"고마워요."

민지 엄마는 어디론가 급히 사라졌다. 민지 아빠는 고개를 갸우뚱하며 생각했다.

'뭐지? 이 개운하지 않은 기분은?'

어느새 찬바람이 불기 시작했다. 11월 말에는 많은 눈이 내리기도 했다. 에너지 사용 정량제 때문에 사람들의 일상이 이전과 많이 달라졌다. 모든 가정에는 일정한 양의 에너지가 배급되었다. 1년 동안 에너지를 낭비하며 살았던 사람들은 겨울에도 최소한의 난방만 하며 살았다. 정해진 양보다 에너지를 더 많이 쓴 사람은 더 이상 연료와 전기를 받지 못했다. 그러나 그동안 석유와 전기를 아껴 쓴 사람들은 여유 있게 에너지를 쓸 수 있었다. 선아네처럼.

"아, 따뜻하다."

선아는 석유난로를 켜 놓고 국을 끓였다.

"선아야, 아빠 국 한 그릇 더 주겠니?"

선아는 국을 떠서 아빠를 드렸다. 아빠는 지난번 병원에 다녀온 뒤에 건강이 많이 좋아지셨다. 이제는 가끔 일어나서 산책도 하고 식사도 혼자 할 정도가 됐다. 밥도 이전보다 더 많이 드시곤 해서 선아 엄마의 얼굴에 미소가 돌아왔다. 추워서 병이 악화될 염려는 더 이상 하지 않았다.

선아는 아빠에게 밥도 차려 드리고 따뜻한 반찬도 해 드리고 더운 물에 머리도 감겨 드렸다. 선아네는 그동안 에너지를 거의 쓰지 않았기 때문에, 넉넉하게 석유를 배급받아 쓸 수 있었다. 아빠에게 해 드릴 수 있는 일이 많아서 선아는 행복했다.

"딩동!"

"누구시죠?"

민지 아빠가 문을 열었다. 어두워지는 아파트 복도에는 뜻밖의 방문객이 서 있었다.

"아니……. 두성 할아버님."

"민지 아빠……. 내일 당장…… 우리 집에 태양광 발전기를 설치해 주게."

"네?"

"해 줄 수 있겠나?"

"아, 네……. 공사는 며칠 걸릴 수 있습니다만……."

"상관없네."

"비용이 약 1천만 원 정도 들 겁니다."

"돈이 얼마나 들든……. 내일부터 당장 공사를 시작해 주게."

"알겠습니다……."

"그럼……. 내일 보세."

"네."

두성이 할아버지는 돌아서서 발걸음을 옮겼다. 두어

걸음이나 갔을까? 두성 할아버지가 미끄러지듯 쓰러지며 풀썩 주저앉았다.

"할아버님!"

민지 아빠가 두성이 할아버지를 부축했다.

"괜찮으십니까?"

"어… 어……. 난 괜찮아."

"안 되겠네요. 안에 들어가서 좀 쉬었다 가세요."

민지 아빠는 두성이 할아버지를 일으켜 세워 집 안으로 들어갔다. 두성이 할아버지를 위해 민지 엄마는 따뜻한 생강차를 내밀었다.

"할아버님. 이것 좀 드세요."

"고마워요."

할아버지는 차를 마시고 나서 바닥을 물끄러미 바라보다 입을 열었다.

"민지 아빠한테…… 그동안 미안했네."

"아닙니다."

"에너지 정량제 때문에…… 석유도 가스도 더 쓸 수 없게 돼서 그동안 집에 있는 가구를 쪼개서 벽난로를 때

왔다네……. 이젠 가구도 남은 게 없어……. 두성이가 매일 밤 추위에 떨며 잠을 자는 모습을…… 더 이상은 볼 수가 없네."

두성이 할아버지의 눈이 축축해졌다.

"내가 너무 고집을 부렸나 봐……."

"아닙니다. 어르신."

"그동안 나한테도 그럴 만한 사정이 있었네. 자네가 이해해 주게."

"네……."

"그럼, 가 보겠네."

다음 날부터 두성이네 집에 태양광 발전기 설치 공사가 시작됐다. 이날 선아는 오랜만에 민지네 집에 놀러왔다. 내년에 5학년이 되는 두 소녀는 제법 어른스러운 이야기를 나누었다. 자신들의 꿈에 대해서, 우리나라의 미래에 대해서, 그리고 햇빛 마을과 이웃들에 대해서.

그날 저녁, 두성이네 집에는 20리터들이 석유 열 통이 배달되었다. 두성이 할머니는 석유를 배달해 준 사람에게 "누가 보낸 것이냐?"고 물었다. 배달하는 이는 "전화로 주문을 받아서 잘 모르겠다."고 답했다. 두성이 할머니는 알지도 못하는 사람의 도움을 받는다는 것이 썩 마음에 내키지 않았지만 냉동고처럼 차가운 방에 감기 걸린 두성이를 그냥 놔둘 수 없었다. 그날 두성이네 집 보일러는 힘차게 돌아갔고, 두성이는 뜨끈뜨끈한 아랫목에 누워 식은땀을 흘렸다. 다음 날 아침에 벌떡 일어난 두성이는 공깃밥 두 그릇을 뚝딱 해치웠다.

두성이네 태양광 공사는 일주일 만에 끝났다. 태양광 발전기가 완공되던 날, 할아버지는 잔치를 열었다. 두성이네와 민지네 식구, 선아와 선아 엄마, 승호와 형빈이 그리고 에너지 선생님까지 모여 음식을 나눠 먹었다.

태양광 발전기가 가동하고 보일러에 끓는 물이 돌기 시작했을 때, 두성이 할아버지와 민지 아빠는 굳게 악수를 했다. 두성이 할머니는 눈물을 보였고, 민지 엄마는 두성이 할머니의 눈물을 닦아 드렸다. 두성이는 민지에게 자기가 가장 아끼는 것을 선물로 건넸다. 롤스루이 모형 자동차였다.

잔치가 무르익었을 때, 선아 엄마가 선아에게 물었다.

"지난주에…… 우리 집 에너지 사용량이 갑자기 늘어났더라……. 왜 그런지 너 혹시 아니?"

선아는 두 눈을 동그랗게 뜨고 엄마를 쳐다봤다.

"글쎄요……. 제가 그걸 어떻게 알겠어요?"

선아는 알 수 없다는 표정을 지으며 민지에게 달려갔다. 선아 엄마는 주머니에서 접힌 종이를 꺼냈다. 구청에서 보내온 주의문이었다.

석유 200리터 사용 - 연료 절약 요망!

선아 엄마는 미소를 지으며 종이를 구겨 휴지통에 던졌다.

에너지 구두쇠와 에너지 도둑

꽃샘추위가 사그라지고 남쪽에서 봄바람이 불어왔다. 개나리가 꽃망울을 터뜨릴 즈음, 거리에서 말과 소가 사라졌다. 1리터의 경유로 100km를 달릴 수 있는 최첨단 하이브리드카가 개발되었기 때문이다. 진달래가 언덕을 물들이자 버스와 지하철 다니는 시간이 늦춰졌다. 벚꽃이 필 때쯤 에너지 배급제와 정량제가 폐지되었다.

하이브리드카 경유 또는 휘발유와 전기를 동시에 이용해서 달리는 자동차 두성이 할아버지는 룰스루이를 자동차 박물관에 기증했다. 선아네는 작은 아파트로 이사를 갔다. 벚꽃이 질 무렵 신문에는 이런 기사가 났다.

'유가 150선 회복, 더 내려갈 듯.'
'중동 산유국, 우리나라에 원유 공급 재개.'
'에너지 대란 끝 보여 – 신·재생에너지 발전소 완공.'

대통령은 여러 종의 아침 신문을 펼쳐 놓고 1면 기사를 훑어 봤다. 그는 고개를 끄덕이면서 미소를 지었다. 옆에 서 있던 에너지 장관 역시 얼굴 가득 웃음을 띠며 서 있었다.
"잘됐어. 참 잘됐어요."
"정말 다행입니다. 각하."
"그동안 우리 국민이 잘 참아 줬어요."
"그렇습니다. 정말 훌륭한 국민들입니다."
"장관도 수고 많았어요."
"각하께서 애 많이 쓰셨습니다."

"뭘……."

"저, 그리고……." 에너지 장관은 쑥스럽게 말을 이었다.

"UN 에너지 센터 소장으로 추천해 주셔서 감사드립니다. 저는 다음 주에 뉴욕으로 떠납니다."

"아하……. 장관이 너무 잘해서 그런 거지……."

이 때 인터폰이 울렸다.

"각하, 신임 에너지 관리부 장관께서 오셨습니다."

"들어오시라고 해요."

대통령 집무실 문이 열렸다. 신임 장관이 들어와 고개를 숙였다. 대통령은 그에게 손을 내밀었다.

"어서 오시오. 앞으로 잘 부탁하오."

"감사합니다. 각하."

새 에너지 장관 미스터 X는 검은 옷을 입고 검정색 넥타이를 하고 있었다.

민지네 식구는 쇼핑을 하기 위해 집을 나섰다.

"아, 잠깐만요."

민지는 집 안으로 다시 들어와 자기 방에 켜 있는 전등을 껐다. 그리고 컴퓨터와 텔레비전에 연결되어 있던 플러그를 뽑았다.

"이제 가요."

"우리 민지가 에너지 구두쇠가 됐구나."

엘리베이터 앞에 서 있던 아빠가 말했다.

"버릇이 돼서요……. 헤헤."

민지가 대답했다.

"그래. 에너지 구두쇠가 아닌 사람들은 모두 에너지 도둑이지."

민지 엄마가 덧붙였다. 세 사람은 기분 좋게 웃었다.

| 맺음말 |

지구온난화와 에너지

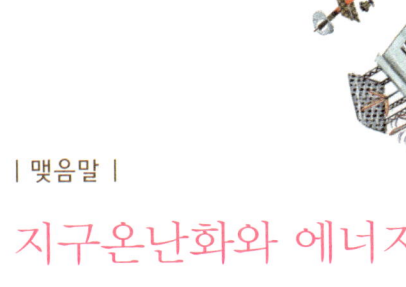

　우리가 사는 지구는 점점 더워지고 있습니다. 학자들은 지난 백만 년 동안 지구의 온도는 거의 비슷했지만, 최근 200년 동안 지구의 평균기온이 급격히 높아지고 있다고 주장합니다.

　그 이유는 온실가스 때문입니다. 온실가스는 뜨거운 열을 붙잡고 있는 성질을 가진 기체인데, 대표적인 것이 이산화탄소입니다. 지구는 수억 년 동안 태양이 주는 뜨거운 에너지를 받아들이기도 하고 반사시키기도 하면서 스스로 자신의 온도를 조절해 왔습니다. 그런데 인류가 산업을 발전시키면서 매연과 공해를 만들어 내자 공기 중에 이산화탄소가 많아졌습니다.

지구상의 대기는 일정한 양의 이산화탄소가 있어야 하는데, 화석연료를 많이 쓰면 이산화탄소의 양이 늘어납니다.

이산화탄소 양이 늘어나면 지구는 더워지고, 지구가 더워지면 사람이나 동물이 살기 어려워집니다. 북극곰을 보세요. 북극곰은 얼음이 있어야만 사냥을 할 수 있습니다. 북극의 얼음이 점점 녹아 없어지니까 북극곰은 사냥을 할 수 없게 되고, 굶어 죽고 마는 것입니다.

지구온난화 때문에 북극곰뿐 아니라 다른 많은 동물들도 멸종의 위기에 처해 있습니다. 사람이 만든 재앙 때문에 다른 동물들이 사라지고 있는 것이지요.

우리가 에너지를 아끼면, 환경을 지금 이대로 잘 보존할 수 있습니다. 자가용 승용차를 덜 이용하고 석유와 가스를 덜 쓰면 이산화탄소가 적게 발생합니다. 결국 지구온난화를 늦출 수 있는 것이지요.

화석연료 석유나 가스처럼 동물의 화석이 변해서 된 연료 우리가 지금 사용하고 있는 에너지는 대부분 석유 또는 가스입니다. 이것들은 무한히 쓸 수 있는 것이 아닙니다. 언젠가는 없어지게 되어 있지요. 지금 땅속에 있는 석유는 우리가 앞으로 30~40년 정도 쓸 수 있는 양밖에 안 됩니다. 석유가 없어져도 살아갈 수 있도록 지금부터 준비를 해 두어야 합니다.

바람을 이용한 풍력발전, 태양에너지를 이용한 태양열-태양광 발전, 땅속의 뜨거운 온도를 이용한 지열 등은 무한한 에너지입니다. 태양이 사라지지 않는 한 쓸 수 있는 것들이지요.

지구의 환경을 지키고, 인류가 오래 살아남기 위해서는 이런 새로운 에너지를 개발해야 합니다. 우리나라는 에너지를 거의 대부분 외국에서 수입해서 씁니다. 만약 우리나라에 새로운 에너지를 만드는 발전소가 많아진다면 외국에서 석유나 가스를 사 오지 않아도 됩니다.

여러분도 석유와 가스로 만드는 에너지를 아끼고 새로운 에너지에 대해 관심을 가져 보세요. 여러분의 작은 관심이 지구를 지키는 밑거름이 될 테니까요.

에너지 절약과 온실가스를 줄이기 위한

실천 사항

1. 실내 온도를 적정하게 유지합니다.
− 여름철 26~28도, 겨울엔 20도 이하로.

2. 겨울철에는 내복을 입습니다.

3. 대중교통을 이용합니다.
− BMW 건강법을 실천합니다.
버스(Bus), 지하철(Metro), 걷기(Walking)로 내 몸과 지구에 건강을 선물합니다.

4. 친환경 제품을 구입합니다.
− 환경 마크가 붙은 제품을 구입합니다.
− 에너지 소비 효율이 높은 가전제품을 씁니다.

5. 물을 아껴 씁니다.
− 샤워 1분을 줄이면 이산화탄소 7kg이 줄어듭니다.
− 세탁은 한 번에 모아서 합니다.

6. 가족의 식사는 함께합니다.
− 가스를 아끼고 어머니의 수고를 덜어 줄 수 있습니다.

7. 나무를 심고 가꿉니다.
  − 소나무 한 그루는 연간 5kg의 CO_2를 흡수합니다.

8. 쓰레기를 줄이고 재활용을 합니다.
  − 일회용 컵 대신 머그잔을 씁니다.

9. 전기 제품을 올바르게 사용합니다.
  − 텔레비전을 보지 않을 때는 전원을 끕니다.
  − 냉장고에 음식물을 가득 채우지 않도록 합니다.
  − 외출할 때는 플러그를 뽑습니다.
    플러그 뽑기를 잘하면 1년 전기료 중 한 달분을 줄일 수 있습니다.

10. 에너지와 지구온난화에 대한 신문 기사를 읽습니다.

토론 교실

생각을 키우는
소중한 가치 학교 3교시

◉ 민지네 반 친구들이 왁자지껄 토론을 하고 있어요. 『에너지 도둑』 속에 등장한 고속 승마 터미널에 대해 자신의 생각을 나누고 있는데, 친구들이 어떤 생각을 가지고 있는지 한번 들어 볼까요?

석유가 없어서 고속버스 터미널이 진짜 고속 승마 터미널로 바뀌면 어떻게 될까?

소음도 없어지고 공기도 깨끗해지고······. 환경을 생각하면 좋긴 한데, 말을 타고 다니면 어딜 가더라도 시간이 많이 걸리지 않을까?

늦는 건 둘째 치고, 말이 도로에 똥을 싸면서 달리니까 도로가 더러워지겠어. 뿌지직, 뿌직~.

아 더러워~. 넌 맨날 똥 얘기만 하냐! 그런데, 그 똥은 그럼 누가 치우지?

 소똥도 에너지가 될 수 있다면,
말똥도 에너지가 될 수 있지 않을까?!

맞아, 잘 말려서 연료로 쓰면 되잖아!

 그것보다는 지독한 냄새를 모아서
가스를 대신하는 게 좋지, 헤헤~.

 아이 진짜, 더러워, 형빈아!

민지와 선아, 형빈이, 두성이의 의견을 들어 보셨지요?
여러분의 생각은 어떤가요? 틀려도 괜찮아요.
생각을 자신 있게 표현하고, 함께 토론에 참여해 보세요!

함께 토론할 주제

1. 에너지 정량제를 시행하게 된다면 우리 생활에는 어떤 변화가 일어날까요?
2. 전기료 절감을 위해 저녁 8시부터 TV를 볼 수 없다면, 우리 생활은 어떨까요?
3. 집집마다 전기를 만드는 자전거를 설치한다면 어떨까요?

[에코 롱롱 이야기]

찾아가는 에너지 학교, 에코 롱롱!

어느 날부터 민지가 사는 시에서는 '에코 롱롱'이라는 버스를 모든 학교에 보내서 어린이들이 환경 교육을 받게 되었어요. 두성이와 형빈이, 선아 등 모두 환경 교육을 받고 고갈되는 에너지의 소중함을 느끼고, 이제 아껴 써야 하는 것도 잘 알게 되었지요. 우리 친구들도 환경 교육을 받을 수 있는 에코 롱롱 버스, 한번 만나 보고 싶지 않나요? **에코 롱롱 버스는 동화 속에만 존재하는 가상의 버스가 아닙니다. 실제로 초등학교를 방문하여 환경과 에너지에 대해 교육도 하고 체험도 할 수 있는 프로그램을 운영하는 찾아가는 에너지 학교**입니다.

에코 롱롱은 2009년 4월부터 처음 운영되기 시작하였습니다. 『에너지 도둑』을 읽은 친구들은 이미 알고 있겠지만, **에코 롱롱의 의미는 '자연환경 속에서 얻을 수 있는 에너지를 오래오래 쓴다.'**는 뜻으로 에코(ECO)와 롱롱(LongLong)을 합친 말입니다. 그 이름에 걸맞게 **한정된 자**

소중한 가치 학교 ❸교시
에 코 롱 롱 이 야 기

원을 아끼고 나눌 수 있는 올바른 방법과 태양광, 풍력, 물의 순환과 재이용 등을 어린이가 직접 체험하면서 자연스럽게 익힐 수 있는 10여 종의 다양한 프로그램들을 제공하고 있답니다.

　에코 롱롱 버스는 5톤 트럭을 개조해서 만든 특수차량이에요. 이 버스에서 쓰는 전기는 태양광과 풍력발전을 통해 만들

어요. 차량 외부에 태양광 발전기 및 태양열온수기, 풍력발전기가 설치되어 있지요. 내부에는 태양광 조명이 설치되어 있습니다. 에코 롱롱 버스는 신·재생 에너지를 직접 체험할 수 있도록 만들어졌답니다.

또 에너지와 물에 관련된 교구가 설치, 구비되어 있어서 차량을 이용해서 다양한 에너지 수업을 할 수 있답니다.

에코 롱롱, 2호차 탄생!

그동안 80여 개의 학교에서 1만여 명 이상의 어린이들을 교육하며 뜨거운 관심을 받아 온 에코 롱롱. 하지만 한 대의 차량만으로는 증가하는 에너지 체험 교육 수요를 모두

소중한 가치 학교 ❸교시
에코 롱롱 이야기

충족하기 힘들어졌답니다. 그래서 특수 제작된 또 하나의 특별한 에너지 학교 버스, 에코 롱롱 2호차가 2010년 12월에 탄생했습니다.

더 많은 지역의 친구들에게 더 많은 교육 기회를 제공하기 위해 탄생한 에코 롱롱 2호는 그동안 에코 롱롱 1호차를 운영하면서 쌓은 노하우와 발전된 기술력을 적극 반영하여 만들어졌다고 하네요.

디지털 기술이 돋보이는 에코 롱롱 2호차의 탄생으로 우리 친구들이 더욱 새로운 에너지 교육을 받을 수 있게 되었어요.

'꽃과 어린왕자'를 아시나요?

에코 롱롱의 재단법인 '꽃과 어린왕자'를 아시나요? 재단법인 '꽃과 어린왕자'는 그 이름에서 알 수 있듯이 꽃을 돌보던 어린왕자의 마음으로 우리 아이들을 돌보고 그들의 꿈과 희망을 키워 주기 위해 지난 2002년 코오롱 그룹이 설립한 재단입니다.

꽃과 어린왕자에서는 매년 초등학생 중에서 경제적으로 어려움에 처해 있는 학생 30여 명을 선발하여 장학금을 지급하는 동시에 '코오롱 어린이 드림 캠프'를 개최하고 참가토록 하여 아이들의 꿈을 실현하는 데 도움을 주고자 노력하고 있답니다.

친구들, 에너지 학교 '에코 롱롱'을 만나세요!
우리 친구들도 **에너지 절약과 신·재생에너지에 대한 아주 특별한 체험 학교, 에코 롱롱을 만나 보세요!** 에코 롱롱은 초등학교 4~6학년 학생 1개 학급 정도의 인원이 교육을 원하고 에코 롱롱 차량이 진입하여 교육을 진행할 공간만 확보된다면 누구나 만나 볼 수 있습니다. 지금도 서울과 경기, 인천 등 수도권을 중심으로 초등학교를 포함, **어디든 찾아가 무료로 교육을 진행**하고 있어요. 그 외 지역은 방학 기간 중에 특별 프로그램을 구성하여 체험 교육을 제공하고 있답니다.

직접 체험하고 만들어 보는 '에너지', 우리 미래를 책임질 어린이들에게 좋은 경험이 될 것입니다.

▶ 에코 롱롱 만나 보기 www.ecolonglong.or.kr